최강 브롤러 전략 가이드북

브롤스타즈 플레이어를 위한 비공식 게임 공략집

제이슨 리치 지음

서울문화사

저자 | **제이슨 리치**

제이슨 리치는 24권이 넘는 컴퓨터 및 비디오 게임 전략 가이드를 쓴 작가이자 열정적인 게이머입니다. 또한 잡지와 웹 사이트에 수천 개의 게임 리뷰와 기사를 기고했으며 세계 최고의 컴퓨터 및 비디오 게임 개발사와 배급사 중 몇 곳에서 자문 위원으로 일했습니다. 트위터나 인스타그램에서 제이슨 리치(@JasonRich7)를 팔로우해 보세요.

> 이 책은 슈퍼셀이나 텐센트 홀딩스 또는 브롤스타즈의 이름과 상표 및 저작권을 소유하거나 권한을 지닌 사람이나 단체의 승인이나 후원을 받지 않았습니다.

The Brawler's Encyclopedia: An Unofficial Strategy Guide for Players of Brawl Stars by Jason R. Rich

Copyright © 2019 by Skyhorse Publishing, Inc.

Brawl Stars® is a registered trademark of Supercell.
The Brawl Stars game is copyright © Supercell.

This book is not authorized, approved, or sponsored by Supercell, Tencent,
or any other person or entity owning or controlling the rights in the Brawl Stars name, trademark, or copyrights.

First published in 2019 by Skyhorse Publishing, Inc.
Korean edition copyright © 2020 by Seoul Cultural Publishers, Inc.
All rights reserved.

This Korean edition published by arrangement with Skyhorse Publishing, Inc. through Biagi Literary Management and Shinwon Agency Co., Seoul.

차례

1장 - 게임 시작 ········· 3
- 브롤스타즈 개요 ············· 9
- 브롤러의 독특한 특징 ············· 10
- 주요 목표 알아보기 ············· 12
- 인기 있는 이벤트 종류 ············· 16
- 코인, 보석, 토큰, 파워 포인트, 스타 포인트의 수집 및 사용 ············· 22
- "스타 플레이어" 타이틀을 얻는 데 필요한 것 ············· 26
- 돌진, 은폐, 피신 또는 후퇴할 때 알아야 할 것 ············· 27

2장 - 게임을 다운로드해서 시작하는 방법 ········· 29
- 브롤스타즈는 진짜 무료로 할 수 있나요? ············· 31
- 모바일 기기에 필요한 최소 사양 ············· 31
- 아이폰이나 아이패드에서 브롤스타즈 다운로드하는 방법 ············· 31
- 아이폰 iOS 13 실행 시 컨트롤러 지원 ············· 32
- 안드로이드 기반 모바일 기기에서 브롤스타즈 다운로드하고 설치하는 방법 ············· 32
- 윈도우 PC 또는 Mac에서 브롤스타즈 게임하기 ············· 36
- 윈도우 PC 또는 Mac에서 브롤스타즈 설치하고 게임하는 방법 ············· 36
- 브롤스타즈 게임 설정하기 ············· 38
- 개인 계정 보호를 위한 슈퍼셀 ID 이용 ············· 40

3장 - 브롤러 소개 ········· 43
- 브롤러의 고유 기술과 능력 ············· 45
- 체력 ············· 45
- 일반 공격 ············· 47
- 특수 공격 ············· 47
- 스타 파워 ············· 48
- 브롤러 업그레이드하는 법 ············· 48
- 브롤러의 종류 ············· 49

- 발리 ············· 50
- 비비 ············· 52
- 보 ············· 54
- 브록 ············· 55
- 불 ············· 57
- 칼 ············· 59
- 콜트 ············· 60
- 크로우 ············· 62
- 대릴 ············· 64
- 다이너마이크 ············· 66
- 엘 프리모 ············· 67
- 프랭크 ············· 69
- 진 ············· 70
- 제시 ············· 72
- 레온 ············· 74
- 모티스 ············· 75
- 니타 ············· 77
- 팸 ············· 79
- 페니 ············· 81
- 파이퍼 ············· 83
- 포코 ············· 84
- 리코 ············· 86
- 로사 ············· 88
- 쉘리 ············· 90
- 스파이크 ············· 92
- 타라 ············· 94
- 틱 ············· 96
- 더 많은 브롤러의 등장 ············· 97
- 신규 브롤러로부터 알아야 할 것 ············· 98
- 브롤러 스킨을 잠금 해제하고 업그레이드하기 ············· 98

4장 - 초보자를 위한 35가지 브롤스타즈 전략 101
#1- 전투 기술을 연습하는 두 가지 방법 103
훈련 지역에서 전투 스킬 시험해 보기 103
친선 게임 참가하기 105
#2- 3인조 브롤러 팀 만들기 107
브롤러의 파워 레벨 업그레이드 표 108
#3- 보석으로 토큰 더블러 구매하기 109
#4- 공격(탄환) 잘 사용하기 110
#5- 직선 코스로 이동하지 않기 110
#6- 다음 공격을 하기 전에 회복하기 110
#7- 항상 덤불 확인하기 111
#8- 각 전장에서 매복할 위치 찾기 112
#9- 브롤러 공격의 사정거리와 범위 112
#10- 이벤트와 전투에 따른 브롤러 선택하기 ... 113
#11- 나의 브롤러를 희생해서 아군 보호하기 ... 113
#12- 몇몇 전장 바닥에서 화살표 찾기 114
#13- 물에 갇혀 있지 말기 114
#14- 파워 레벨과 랭크의 차이를 이해하기 115
#15- 매일 다양한 이벤트를 잠금 해제하고 경험하기 115
#16- 솔로 쇼다운 이벤트를 이용해서 트로피 획득하기 116
#17- 벽 뒤에서 적을 유인할 기회 엿보기 117
#18- 공격한 후 재빨리 후퇴하기 117
#19- 댄싱 배우기 118
#20- 한 명의 적을 집단으로 공격하기 118
#21- 적이 부활하는 곳 공격하기 118
#22- 팀원과 함께 싸우며 적을 유인하기 119
#23- 뒤에서 몰래 다가가기 119
#24- 수시로 상자 열기 119
#25- 항상 최고의 상품을 제공하는 티켓 이벤트 121
#26- 적의 공격을 피하는 법 배우기 122
#27- 아군과 너무 가까이 붙어 있지 말기 122
#28- 브롤러의 특수 공격 잘 사용하기 123
#29- 별 또는 보석 지키기 123
#30- 아군의 힐러를 중앙에 배치하기 123
#31- 맵을 스크린 숏하고 프린트하기 123
전장 선택하기 124
#32- 필요시 벽 파괴하기 125
#33- 녹색의 독 구름 피하기 125
#34- 친선 게임을 할 때 이벤트와 맵 선택하기 ... 126
#35- 젬 그랩에서 아군 지원하기 126

5장 - 상점에서 제공하는 것 127
- 일일 상품 확인하기 129
- 파워 포인트로 브롤러 업그레이드하는 법 130
- 대형 상자와 메가 상자 구매하기 131
- 스타 포인트로 스킨 구매하기 132
- 토큰 더블러 구매할 때 고려할 점 132
- 상점에서 보석 팩 구매하기 132
  보석 팩의 가격 132
- 보석으로 코인 팩 구매하기 133
- 쇼핑 끝내고 전투 시작하기 133
- 트로피 진척도에서 보상 받기 133

6장 - 온라인 클럽에 가입해서 채팅하기 135
- 이름 정하는 방법 137
- 이름 바꾸는 방법 137
- 페이스북에 연결하기 137
- 라인에서 온라인 친구와 연결하기 138
- 브롤스타즈 클럽에 가입하기 139
- 팀 채팅에 참여하기 141
- 온라인 플레이어와 채팅하기 141

7장 - 브롤스타즈 자료 공유 143
- 최신 업데이트 브롤러 소개 147
- 게임과 챌린지 계속 즐기기 151

1장
게임 시작

게임 시작

**전 세계 어디서나 인기 있는 모바일 게임!
액션감 넘치는 멀티플레이어 총격전을 경험할 준비를 하세요!**

브롤스타즈는 모바일 앱 개발업체인 슈퍼셀(www.supercell.com)에서 개발했습니다. 이 게임은 기존의 슈퍼셀 게임처럼 비교적 배우기는 쉽지만, 완전히 마스터하기는 상당히 어렵습니다. 여러분이 클래시 로얄, 붐비치, 클래시 오브 클랜, 헤이데이와 같은 게임을 모바일로 경험해 봤다면, 슈퍼셀이 혼자서 다수의 적을 상대하는 게임을 출시하고 있다는 것을 알고 있을 것입니다.

브롤스타즈도 예외가 아닙니다. 사실, 많은 게이머들은 브롤스타즈가 가장 각광받는 슈퍼셀의 게임이라고 생각할 것입니다.

여러분은 브롤스타즈를 플레이할 때 빠른 사고력과 훨씬 더 빠른 반사 작용 그리고 적을 뛰어넘는 창의적인 전략이 계속 필요하다는 것을 곧 알게 될 것입니다.

브롤스타즈의 인기 있는 게임 모드(이벤트) 중 하나를 먼저 마스터하세요. 그리고 다른 이벤트로 넘어가는 게 좋습니다. 각 이벤트는 특별한 챌린지를 제공합니다.

각기 다른 브롤러(캐릭터)를 선택해서 다양한 게임을 경험할 수 있습니다. 하지만 브롤러들이 갖고 있는 고유의 전투 기술과 게임 전략을 마스터해야 합니다.

브롤스타즈의 가장 큰 장점은 스마트폰이나 태블릿에 인터넷이 연결되면 언제 어디서나 게임을 할 수 있다는 것입니다. 각 전투는 몇 분이면 충분히 끝낼 수 있습니다. 하지만 싸우는 동안에 레벨을 높이고 계속 승리하려고 노력하다 보면 여러 가지 브롤러로 한 번에 몇 시간을 쉽게 보낼 수 있습니다. 위의 화면은 솔로 쇼다운 이벤트로, 아이폰에서 실행한 것입니다.

게임 시작

위의 화면은 아이패드에서 실행한 것입니다. 게임 화면은 아이폰이나 안드로이드 기반의 스마트폰이나 차이가 없습니다.

브롤스타즈의 일부 이벤트에서는 컴퓨터가 조종하는 적인 "로봇"과 싸워야 하지만, 젬 그랩, 쇼다운, 하이스트, 바운티, 브롤 볼과 같은 대부분의 이벤트에서는 실시간 멀티플레이어 액션으로 특별한 경험을 할 수 있습니다.

이벤트에서 승리하면 보상으로 브롤러를 추가로 잠금 해제하거나 브롤러의 파워 레벨을 올릴 수도 있고, 또 스킨을 획득해서 브롤러의 외형을 원하는 모습으로 바꿀 수 있습니다. 몇몇 브롤러는 앱에서 구매해야만 잠금 해제할 수 있습니다. 구매 시 현금이 필요하지만 선택 사항입니다.

여러분이 선택한 게임 모드에 따라서, 혼자서 다른 브롤러(실시간으로 다른 게이머가 조종하는)의 소규모 군대와 싸우거나 다른 게이머(각자의 브롤러를 조종하는)와 팀을 이룰 수 있습니다. 아군이 있을 때 적군인 브롤러를 물리치려면, 종종 같이 싸워야 합니다.

이벤트에 참가하기 전에, 조종할 브롤러를 하나 선택하세요. 처음 브롤스타즈 게임을 시작할 때는 딱 하나의 브롤러만 잠금 해제해서 사용할 수 있습니다.

브롤스타즈에서 가장 인기 있는 이벤트인 젬 그랩은 빠르게 진행되는 3 대 3 전투로, 3명의 브롤러로 구성된 팀에 들어갈 수 있습니다. 게임의 목표는 적군과 싸우는 동안에 보라색 보석을 찾아서 수집하는 것입니다. 젬 그랩 게임을 할 때, 3인조로 이뤄진 두 팀 중에서 먼저 10개의 보석을 모은 팀은 보석을 잃지 않고 15초를 버텨야 합니다. 쉬워 보이지만 결코 쉽지 않습니다.

각각의 브롤러는 고유 스킬과 전투 능력을 보유하고 있습니다. 예를 들어, 브롤러는 체력 미터(패하기 전까지 감당할 수 있는 피해량) 외에도, 일반 공격, 특수 공격, 스타 파워 능력을 전투에서 사용할 수 있습니다. 여러분의 게임 목표는 함께 싸우는 브롤러의 랭크와 파워 레벨을 계속 향상시키고, 게임을 통해 트로피를 수집 및 확보해서 게이머의 레벨을 올리는 것입니다.

이 책에도 나와 있지만, 어떤 이벤트에서는 아군에게 각자 특정 임무를 맡기는 편이 가장 좋습니다. 예를 들어, 젬 그랩에서는 보석을 수집하고 보유하는 것도 중요하지만, 적을 무찌르면서 자신과 아군을 지키는 일도 중요합니다.

뉴스

브롤스타즈는 계속해서 새로워지고 있습니다. 2019년 초여름, 27개의 다양한 브롤러를 선보였으며, 브롤러, 브롤러 스킨과 능력, 전장, 이벤트 종류가 끊임없이 추가되고 있습니다. 따라서 항상 새로운 경험과 흥미진진한 도전을 할 수 있습니다. 게임의 새로운 정보를 알려면, 홈 화면에서 뉴스 아이콘을 누르면 됩니다. 아이콘은 화면 왼쪽에 있습니다.

이벤트는 각각의 전장에서 진행되며, 독특한 지형을 가지고 있습니다. 예를 들어, 젬 그랩 이벤트에 참가하면 다양한 전장에서 전투를 펼칠 수 있습니다. 3 대 3 전투를 할 때는 아군과 함께 싸우면서 자신의 브롤러를 가장 잘 조종하는 법을 익힙니다. 또한 각 전장의 지형물을 최대한 활용하는 법도 알아 두어야 합니다.

슈퍼셀이 발표한 최신 게임 업데이트, 신규 브롤러와 브롤러 스킨, 새로운 게임 모드, 신규 이벤트 등을 뉴스 화면에서 모두 확인하세요.

게임 시작

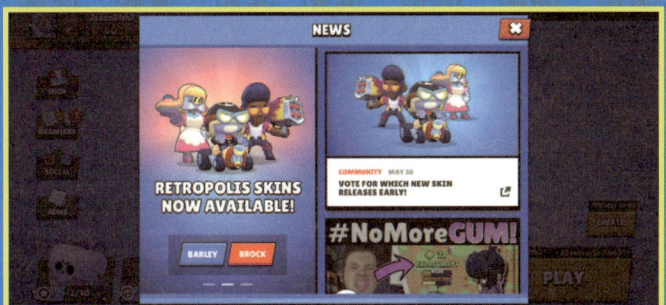

게임을 업데이트하면서 다양한 브롤러를 위한 여러 가지 레트로폴리스 스킨 세트가 추가되었습니다.

스킨은 상점에서 구매한 후, 잠금 해제해서 획득할 수 있습니다. 스킨은 브롤러의 외형에 맞게 사용됩니다. 위의 화면은 쉘리를 위한 도적 쉘리 스킨입니다. 이 스킨을 잠금 해제하려면, 보석 30개(2,500원)가 들지만, 체험 버튼을 눌러서 미리 확인할 수 있습니다. 경우에 따라서, 상점에서 현금으로 스킨을 구매할 수 있습니다.

브롤스타즈 개요

브롤스타즈는 전투가 전부입니다. 여러분은 적과 싸워서 이겨야 하고 각각의 전투를 하는 동안에 특정 목표를 달성해야 합니다.

솔로 쇼다운 이벤트처럼 혼자서 싸울 때도 있습니다. 하지만 대부분의 경우에는 (위의 화면처럼) 많은 브롤러와 함께 팀으로 싸우게 됩니다.

파트너나 팀을 정해야 하는 이벤트의 경우에는 온라인 친구나 임의의 게이머(게임에서 자동으로 비슷한 레벨의 다른 사람을 찾아줌.) 중에서 함께할 게이머를 선택할 수 있습니다. 전투에서 같은 팀이 되고 싶은 온라인 친구를 한 명 초대하려면, 홈 화면(선택한 브롤러 좌우에 위치함.)에서 "+"아이콘을 누르세요.

브**롤스타즈** 클럽에 가입하거나 게임을 같이 할 온라인 친구를 초대해 보세요. 그 방법은 6장 온라인 클럽에 가입해서 채팅하기 편에서 자세히 설명하겠습니다. 예를 들어, 페이스북(Facebook)이나 라인(LINE) 계정을 **브롤스타즈** 계정과 연동해서 특정 게이머를 찾아 교류할 수 있습니다.

브롤러의 독특한 특징

브롤스타즈는 단순한 총격전이나 전투 게임이 아닙니다. 33개(2020년 1월 기준)의 각기 다른 특징을 가진 브롤러 캐릭터를 잠금 해제 또는 구매해서 조종할 수 있습니다. 그뿐만 아니라 게임에 신규 브롤러들이 계속 추가되고 있습니다.

각 브롤러는 특유의 외형과 전투 능력을 보유하고 있으므로, 선택한 브롤러의 특징 요소를 찾아야 합니다. 그다음에 전투하는 동안 적절하게 공격과 방어 능력을 활용하는 방법을 익혀야 합니다.

게임 시작

여러분이 브롤러를 잘 다룰수록, 유리한 점이 많아집니다. 파트너나 팀으로 플레이할 때는 아군이 조종하는 브롤러의 특기를 충분히 활용하면서 자신의 브롤러의 스킬과 능력을 최대로 이용하는 법을 찾는 것이 중요합니다.

여러분의 브롤러가 단거리 파이터나 서포터가 아닌 장거리 파이터라면, 어떤 브롤러와 함께하느냐에 따라 전투 결과가 달라질 수 있습니다. 이러한 브롤러 조합은 전투를 벌이는 전장과 달성하려는 이벤트 목표와도 관련이 많습니다.

파트너나 팀으로 플레이할 때는 전투의 승리가 가장 중요합니다. 대개는 전투에 쏟은 노력과 성과에 따른 보상을 받습니다. 잘 싸우면, 스타 플레이어란 타이틀도 얻고, 보너스도 받을 수 있습니다.

각각의 이벤트들은 한 가지 특정 목표(때로는 여러 가지 목표)가 있습니다. 일정한 개수의 보석을 수집하고 별을 가장 많이 모으면서, 아군을 보호하고 적군을 무찔러야 승리할 수 있습니다.

브롤스타즈는 온라인 기반의 실시간 멀티플레이어 게임이기 때문에, 지속적이고 빠른 인터넷 연결이 무엇보다도 중요하다는 점을 꼭 기억해 두세요. 화면에 인터넷 접속 불량을 뜻하는 빨간 표시가 뜨면, 반응 시간에 영향을 끼쳐서 브롤러의 전투 능력이 떨어지게 됩니다. 인터넷 접속이 너무 느리면, 전투에서 계속 패할 수 있습니다.

올스타 게이머가 되려면, 각기 다른 브롤러를 잠금 해제하고 업그레이드한 후 연습하며, 여러 종류의 전투나 이벤트에 참여하면서 브롤러의 고유 능력을 최대한 활용하는 법을 찾아야 합니다. 또한 전장의 지형을 익혀서 전투에 유리하게 이용해야 합니다.

전투에 참여할 때는 완벽한 타이밍과 정확한 조준이 필수지만, **브롤스타즈**에서는 승리하고 싶으면 적진에 돌진해서 공격할 때와 공격을 멈추고 숨거나 후퇴할 때를 알아야 합니다. 그래야 브롤러가 체력을 보충해서 공격력을 재충전할 수 있습니다. 게다가 현재 직면한 챌린지에 맞추어 각 브롤러의 고유 전투 능력을 언제 어떻게 사용하는지 알아야 합니다.

각 브롤러의 장단점을 파악하면 잘 싸울 수 있지만, 적군의 브롤러를 조종하는 게이머의 허를 찌를 수 있는 전략도 매우 중요합니다. 각 게이머는 자신만의 게임 방식과 스킬이 있으므로, 전투를 하면서 재빨리 분석하고 적응해야 적을 이길 수 있습니다.

특히 임의의 게이머와 같이 플레이할 경우에는 그들 중 일부가 초보자일 수 있습니다. 초보자가 조종하는 브롤러의 순위와 스타 파워 레벨이 낮으면 그들의 행동을 쉽게 예측해서 이길 수 있습니다.

하지만 게이머가 경험자라면 재빠른 반사 신경이 있고, 조종하는 브롤러의 잠재력을 최대한 활용하는 방법을 알 것입니다. 또한 이런 게이머는 각 전장의 맵을 기억해서 어떻게 돌아다녀야 하는지 알 수도 있습니다. 이들이 여러분의 진짜 적이자 가장 이기기 어려운 상대입니다.

매번 전투에 참여할 때, 전장에서 만나는 적을 연구해서 최고의 접근 방법을 결정하세요. 초보자가 조종하는 브롤러에게 돌진해서 공격하고 싶을 수도 있고, 고급 스킬과 경험을 가진 게이머가 조종하는 브롤러와 맞서면 멀리 떨어져 있고 싶을 수도 있습니다.

전장에서 적과 얼마나 가까워야 하는지는 선택한 브롤러의 특기가 근거리 전투인지 장거리 전투인지의 여부와 현재 싸우고 있는 브롤러의 능력에 따라 달라집니다.

주요 목표 알아보기

브롤스타즈에 있는 모든 이벤트에는 각각의 목표가 있습니다. 브롤러를 선택한 후, 화면 하단 중앙 근처에 있는 이벤트 버튼을 누르면 현재 참가할 수 있거나 즉시 잠금 해제할 수 있는 목록이 나옵니다.

게임 시작

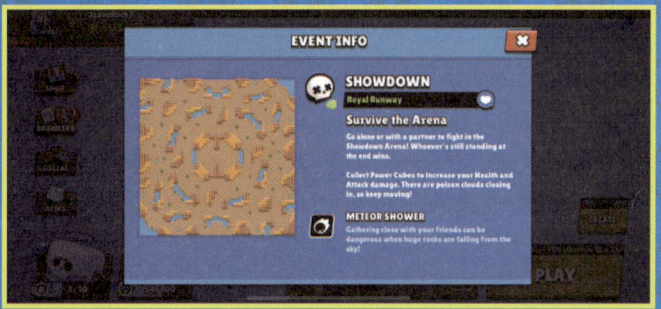

아직 잠금 해제되지 않은 이벤트

쇼다운 이벤트에서는 솔로나 듀오 전투 중에서 하나를 선택할 수 있습니다. 솔로 쇼다운은 혼자서 싸우는 것이고, 듀오 쇼다운은 한 명의 파트너를 초대해서 함께 싸우는 이벤트입니다. 파트너는 온라인 친구이거나 임의의 게이머가 될 수 있습니다. 쇼다운의 목표는 다른 브롤러를 전부 없애는 것입니다. 위의 화면은 로열 런웨이에서 벌어질 쇼다운 이벤트를 설명하는 정보 화면입니다.

이벤트 선택 화면을 보면, 젬 그랩은 항상 열려 있습니다. 솔로 쇼다운이나 듀오 쇼다운 이벤트는 트로피 30개를 모아야만 잠금 해제할 수 있습니다. 위의 경우는 젬 그랩과 쇼다운, 이렇게 두 가지 이벤트만 해제되었습니다. 게이머가 트로피 150개를 모으면, 일일 이벤트가 잠금 해제됩니다. 총 350개의 트로피를 모으면, 티켓 이벤트에 참가할 수 있습니다. 총 800개의 트로피를 모으면, 특별 이벤트가 잠금 해제됩니다. 2020년 1월 기준, 이벤트 선택 화면을 들어가면 젬 그랩, 쇼다운, 브롤 볼과 핫 존, 티켓 이벤트, 팀 이벤트, 파워 플레이를 볼 수 있습니다.

이벤트는 각 전장에서 벌어집니다. 이벤트의 오른쪽 위에 있는 둥근 모양의 정보 아이콘 ("i")을 누르면, 전장의 맵과 함께 이벤트 정보가 자세히 나타납니다.

쇼다운 전투를 하는 동안에, 녹색의 파워 큐브(상자에서 나온 파워 큐브 하나가 화면 중앙 근처에 나타남.)를 모아서 브롤러의 체력과 공격력을 증가시켜 보세요. 동시에 녹색의 독 구름은 피해야 합니다.

에너지 드링크

전투 중에 전장을 돌아다니다가 에너지 드링크를 보면, 꼭 잡아야 합니다. 에너지 드링크는 브롤러의 공격력과 이동 속도를 일시적으로 올려줍니다. 에너지 드링크를 사용한 후에, 적에게 돌진해서 공격하세요.

녹색 독 구름

에너지 드링크는 밝은 색의 컵 모양으로 몇몇 전장에서 전투 중에 무작위로 나타납니다.

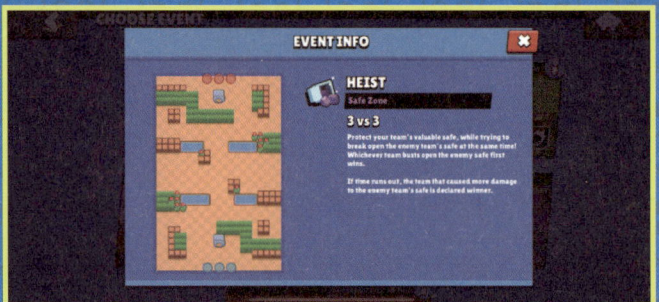

특히 여러분이 초보자라면 참가할 이벤트를 선택하기 전에 이벤트 정보를 확인하면, 전투의 목표를 이해하는 데 도움이 되고, 전투에 참가하기 전에 전장의 지형을 알 수 있습니다.

젬 그랩처럼 3대 3 브롤러 이벤트를 할 때 각 브롤러의 고유 능력에 따라서 역할을 맡기는 편이 팀에 좋습니다. 첫 번째 브롤러는 전방에서 적을 향해 근거리 공격을 하며, 두 번째 브롤러는 적의 공격을 피하면서 보석을 모아서 보유해야 합니다. 세 번째 브롤러는 보석을 지닌 브롤러를 지키면서도 아군의 진영을 지키고 전투에 필요할 때도 기꺼이 도와줘야 합니다.

브롤스타즈에 능숙한 일부 게이머들은 게임에서 임의로 고른 팀원이 아니라, 자신만의 팀을 골라(경기 전에 연락해서) 각 브롤러에게 특정 역할을 맡기는 것이 좋습니다. 그렇지만 연습만 한다면 임의의 게이머로만 팀을 구성하더라도 계속해서 승리할 수 있습니다.

온라인 친구 중에서 팀원을 선택한다면, 팀을 잘 구성할 수 있는 최고의 브롤러를 선택하세요. 어떤 역할이든 가능한 브롤러가 전략적으로 유리합니다. 슈퍼셀은 주기적으로 각 브롤러의 강점과 능력을 변경하고 여러 전장의 지형들을 업데이트하므로, 최고의 브롤러는 앞으로 계속 변할 수 있습니다.

어떤 브롤러는 특정 전장에서 아주 잘 싸우며, 어떤 브롤러는 장거리 전투에 뛰어납니다. 또한 전투 중 아군의 체력을 강하게 유지시켜 주는 힐러 역할을 하는 서포터도 있습니다.

게임 시작

- 이동 조이스틱
- 일반 공격의 조준/ 발사 버튼
- 특수 공격의 조준/ 발사 버튼

초보자는 게임의 승패에 너무 연연할 필요가 없습니다. 그 대신에, 전투에 참가해서 전장에서 브롤러를 수월하게 잘 다루는데 집중하세요. 전투에서 오래 살아남을수록 이길 확률도 커집니다.

게임에서 오래 살아남는 한 가지 방법은 화면상의 발사 버튼을 계속 눌러서 일반 공격이 아니라 브롤러의 특수 공격을 사용하는 것입니다. 완전히 충전되지 않아 특수 공격을 쓸 수 없을 때에는 브롤러의 일반 공격만 사용됩니다. 그렇지만 특수 공격을 사용할 수 있을 때 곧바로 발사하면 목표물에 엄청난 피해를 줄 수 있습니다.

전투 중 화면 왼쪽 아래에 나타나는 파란색의 이동 조이스틱은 전장 안에서 브롤러를 움직일 때 사용합니다. 화면 반대편에는 빨간색의 조준 장치가 있습니다. 그 위에 손가락을 올려놓고 특정 방향으로 드래그해서 활성화한 다음에, 수동 조준 장치로 브롤러의 일반 공격을 사용하면 됩니다. 빨간 조준 장치의 왼쪽은 특수 공격의 충전 상태를 보여 줍니다. 특수 공격이 완전히 충전되면 발사 버튼이 노란색으로 변합니다. 특수 공격 재충전을 시작할 때 발사 버튼 주변에 재충전 미터가 나타납니다.

일부 브롤러의 특수 공격은 피해를 주지 않는다는 점을 꼭 기억해 두세요. 특수 공격은 전투에서 다른 목적으로 쓰일 수 있으므로, 충전될 때마다 바로 사용하지 말고 적절한 상황에 사용하는 것이 좋습니다.

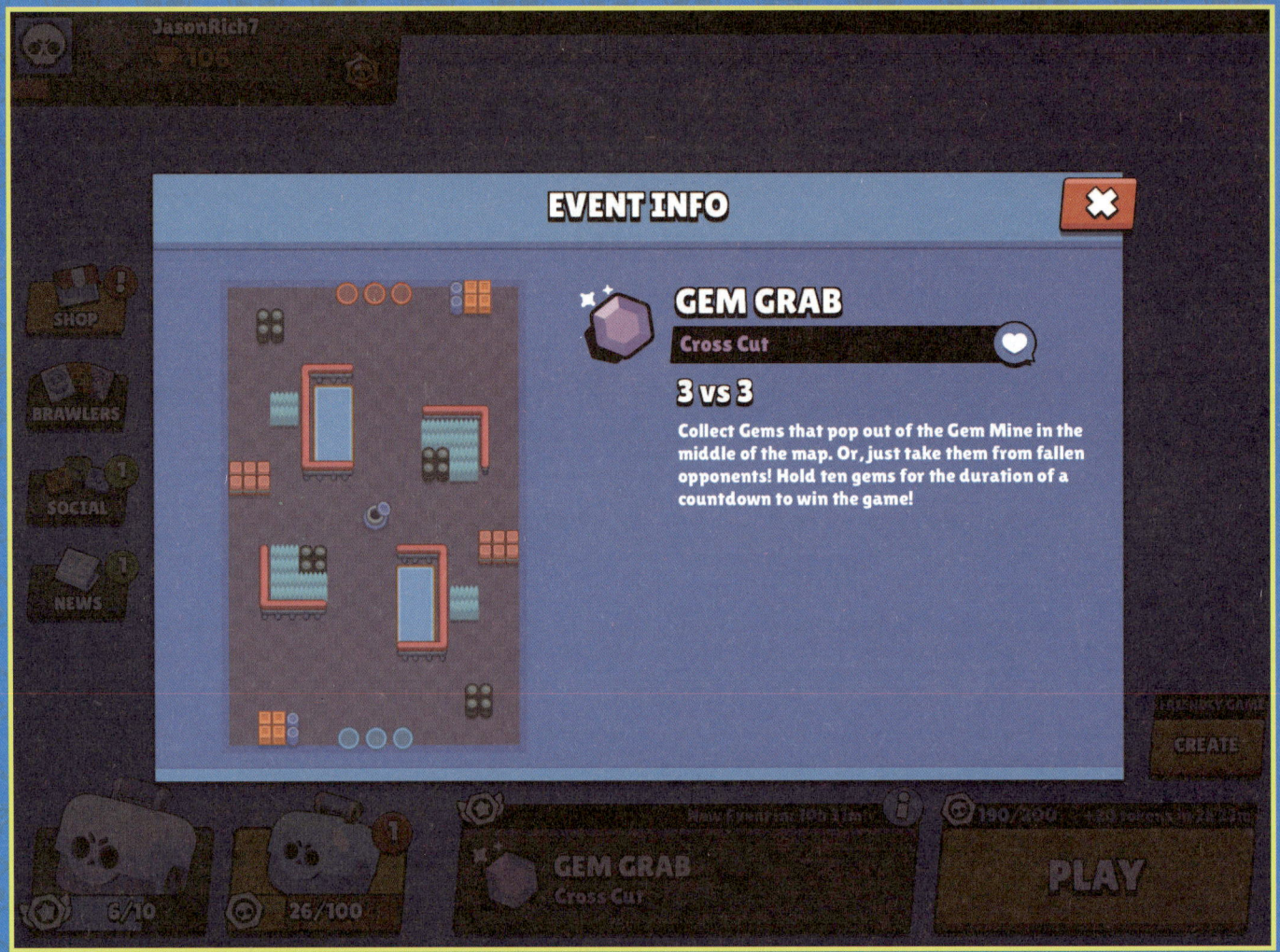

처음이라 아직 익숙하지 않을 때에는 젬 그랩처럼 한 가지 플레이 모드에만 집중하고, 다른 기술과 전략을 익혀야 하는 다른 이벤트로 바꾸지 않는 것이 좋습니다. 특정 브롤러로 게임하는 데 익숙해지면서 한 가지 이벤트에서 게임 스킬을 연마하는 데 더 많은 시간을 보내는 것이 좋습니다. 이벤트와 브롤러를 자주 바꾸게 되면 승리하기 위해서 한 번에 너무 많은 게임 스킬을 익혀야 합니다. 시간을 들여서 한 번에 하나씩 마스터한 다음에, 새로운 브롤러를 조종하거나 새로운 종류의 이벤트에 참여해야 승률이 높아집니다.

인기 있는 이벤트 종류

브롤스타즈의 이벤트는 기본 게임 모드입니다. 젬 그랩과 같은 일부 이벤트는 항상 참여할 수 있습니다. 다른 이벤트는 잠금 해제하거나 제한된 시간에만 사용할 수 있습니다. 다양한 종류의 이벤트들이 끊임없이 게임에 도입되고 있습니다.

게임 시작

솔로 쇼다운은 혼자서 10명의 다른 브롤러에 맞서 싸우는 것입니다. 여러분의 목표는 적을 전부 무찌르고 마지막까지 생존하는 것입니다. 여러분의 브롤러가 패해서 전투에서 빠지면, 그 즉시 여러분의 전투는 끝납니다. 이 이벤트에는 부활이 없지만 전투에서 이기면 많은 트로피를 받습니다. 대신 패할 때마다, 등수에 따라 트로피를 잃게 됩니다. 솔로 쇼다운 이벤트에서 1위~5위 안에 들면, 일정한 개수의 트로피를 받습니다. 하지만, 6위부터 10위 안에 들면, 트로피를 받지 못하거나(트로피 수가 적은 게임 초보자의 경우) 또는 순위에 따라 미리 정해진 개수만큼 트로피를 잃게 됩니다. 이 규칙은 듀오 쇼다운 이벤트에서도 똑같이 적용됩니다.

여러분이 전투에서 5위 안에 들 수 있다면, 솔로 쇼다운은 많은 트로피를 얻고 트로피 진척도를 빨리 진행할 수 있는 가장 쉬운 방법입니다. 하지만 젬 그랩과 같은 다른 게임 모드에서는 브롤러를 좀 더 빨리 업그레이드 할 수 있습니다. 쇼다운 전투가 시작되었을 때 덤불에 숨어서 적들이 서로 싸우게 하세요. 5명의 브롤러만 남아 있을 때까지 안전하게 생존하면 됩니다. 이때, 그 전투에서 얼마나 오랫동안 남았는지에 따라 트로피를 잃지 않고 최소 하나 이상의 트로피를 확보할 수 있습니다.

젬 그랩은 이 게임에서 가장 인기 있는 이벤트이며, 3대 3 브롤러 게임 모드입니다. 보석이 전장 중앙에서 주기적으로 생겨납니다. 한 팀은 전장 위쪽에 있고 다른 팀은 아래쪽에 있습니다. 젬 그랩의 목표는 보라색 보석을 10개 모아 15초간 유지해서 전투에서 이기는 것입니다. 브롤러가 패하면, 3초 후에 팀의 진영지에 따라서 전장 위쪽이나 아래쪽에서 부활합니다.

듀오 쇼다운 이벤트에서는 임의의 파트너나 온라인 친구와 함께 둘씩 팀을 이뤄서, 2인조로 구성된 다른 다섯 팀과 경쟁하는 것입니다. 게임이 끝날 때까지 생존한 게이머나 팀이 승리합니다. 최대한 많은 트로피를 얻는 것이 목표라면, 다섯 팀 중에서 1위나 2위 안에 들어야 합니다. 2위 팀은 3개의 트로피를 얻고, 3위 팀은 트로피를 얻지도 잃지도 않습니다. 하지만 4위와 5위 팀은 트로피를 잃게 됩니다.

바운티는 세 명의 게이머로 구성된 두 팀이 서로 싸우는 이벤트입니다. 게임의 목표는 상대 브롤러를 무찔러서 별을 모으는 것입니다. 브롤러가 한 명의 적을 무찌를 때마다, 현상금인 별이 최대 7개까지 증가합니다. 마찬가지로 브롤러는 패했을 때, 팀이 별을 잃더라도 부활해서 계속 싸울 수 있습니다. 2분간의 전투가 끝날 때 가장 많은 별을 보유한 팀이 승리합니다.

게임 시작

하이스트는 각 브롤러가 아군의 금고를 보호하는 동시에 적군에 침투해서 금고를 부숴야 하는 3 대 3 게임 모드입니다. 각각의 금고는 자체의 HP(Health Point 또는 Hit Point)가 있습니다. 금고의 HP가 0에 도달하면, 금고가 파괴되어서 전투가 끝납니다. 금고의 위치는 진영지에 따라 전장 위쪽과 아래쪽에 있습니다. 적의 금고를 먼저 연 팀이 전투에서 승리합니다. 하지만 금고를 열지 못했다면, 전투가 끝났을 때 상대팀 금고에 가장 큰 피해를 입힌 팀이 승리하게 됩니다.

브롤 볼도 3 대 3 게임 모드지만, 이벤트의 목표는 볼을 잡아서 상대 팀 골대에 넣어서 득점하는 것입니다. 두 골을 먼저 넣은 팀이 게임에서 승리합니다. 당연히 공을 넣는 동시에 상대 팀 브롤러와 싸워야 합니다. 여러분이 공을 잡으면, 적을 요리조리 피하면서 상대 팀 골대로 돌진하세요. 같은 팀원이 공을 가지고 있다면, 앞장서서 팀원을 보호하세요. 공을 가진 팀원에게 가까이 접근하는 상대 팀 브롤러를 없애려고 노력해야 합니다.

하이스트에서 사용할 수 있는 유용한 전략으로는 두 명의 아군이 집중적으로 적을 혼란스럽게 만드는 동안에 나머지 한 명이 전장의 옆길을 따라 올라가서 측면이나 뒤에서 상대팀 금고를 공격하는 방법이 있습니다. 대부분은 전장 중앙에서 공격하는 편이라, 측면을 이용한 공격은 예상하지 못해서 방심하는 경우가 있습니다. 이와 같은 공격 전략을 선택한 브롤러는 멀리서도 공격할 수 있게 장거리 무기를 지니고 있어야 합니다.

시즈 팩토리는 3명의 게이머가 한 팀으로 참여합니다. 목표는 적군의 IKE 조립 포탑을 점거해 파괴하는 것입니다. 그와 동시에 여러분은 아군과 함께 볼트를 모아 아군의 IKE에 보내서, 아군 병사가 될 최강의 시즈 로봇을 조립해야 합니다. 브롤러는 패할 때마다 약 3초 후에 팀의 IKE 조립 포탑 근처에서 부활합니다. 적의 IKE 조립 포탑이나 로봇을 먼저 파괴하는 팀이 승리합니다. 파괴하기 전에 시간이 다 되면, 적군의 조립 포탑에 가장 큰 피해를 입힌 팀이 승리하게 됩니다.

게이머는 **브롤스타즈** 이벤트를 하면서 총 350개의 트로피를 모아야만, 티켓 이벤트에 참가할 수 있습니다. 그 다음에, 전투에 참가할 티켓을 구매하거나 얻어야 합니다. 일부 티켓 이벤트에서는 컴퓨터가 조종하는 강력한 보스 로봇과 부하 로봇 부대와 싸워서 이겨야 합니다. 이 이벤트는 스킬, 경험, 팀워크, 빠른 반사 신경이 필요합니다. 그러나 승리하면, 그만큼 보상이 어마어마합니다.

게임 시작

다양한 티켓 이벤트 중의 하나가 **빅 게임**입니다. 빅 게임은 다른 이벤트와 조금 다릅니다. 게이머들이 각자 조종하는 다섯 명의 브롤러로 이뤄진 단일팀이 여섯 번째 게이머가 조종하는 강력한 힘을 지닌 브롤러 하나를 무찌르는 것입니다.

빅 브롤러는 빅 게임 이벤트의 주요 적입니다. 빅 브롤러는 다른 브롤러보다 훨씬 강력한 공격력을 보유한 데다가, 엄청나게 큰 HP를 보유하고 있어서 오래 살아남을 수 있습니다. 이벤트의 목표는 최대한 빨리 빅 브롤러를 무찌르거나, 맞붙기 전에 전투가 끝나는 것입니다.

또 다른 티켓 이벤트인 **보스전**은 세 명의 브롤러가 한 팀이 되어서 강력한 보스 로봇을 무찌르는 것입니다.

티켓 이벤트는 주말에만 가능합니다. 이 이벤트는 종류가 다양하기 때문에 티켓을 구매해 전투를 시작하기 전에, 반드시 정보 화면을 확인해서 이벤트의 목표를 정확히 파악할 필요가 있습니다.

이벤트의 전장 맵을 알아 두면 게임을 더 수월하게 할 수 있습니다. 예를 들어, 튼튼한 벽으로 사용하는 많은 상자들이 놓인 전장에서는 근거리 전투 능력을 지닌 브롤러가 유리하다는 사실을 파악할 수 있습니다. 만약 장거리 전투 기술을 지닌 브롤러를 사용한다면, 빅 브롤러나 보스 로봇의 정면 공격을 피하면서 다른 각도에서 조준해야 합니다. 예를 들어, 리코의 통통탄은 벽 사이로 통통 튀기 때문에 벽이 많은 전장에서 아주 유용합니다.

이벤트 선택 창에서 현재 가능한 이벤트를 확인할 수 있습니다. 신규 이벤트가 있으면, 눌러 보세요. 여러분은 새로운 이벤트에 참가할 수 있을 뿐만 아니라 보너스 토큰도 수집할 수 있습니다. 무료 보너스 토큰을 수집하려면 날마다 열리는 신규 이벤트를 꼭 눌러 보세요. 참가할 계획이 없더라도 눌러야 합니다. 브롤 상자를 잠금 해제하려면 토큰을 수집해야 하기 때문입니다.

잠금 해제한 신규 이벤트는 이전에 잠금 해제한 이벤트와 비슷하거나 전혀 다른 새로운 맵을 가지고 있을 수도 있습니다. 처음에 잠금 해제한 신규 이벤트에서 승리할 때마다, 스타 토큰을 하나씩 받게 됩니다. 스타 토큰은 대형 상자를 잠금 해제하는 데 사용되는데, 대형 상자를 잠금 해제하려면 스타 토큰 10개가 필요합니다.

코인은 전투 중간에 브롤러를 업그레이드하는 데 사용됩니다. 이런 코인은 보통 브롤 상자나 대형 상자 또는 메가 상자에서 얻을 수 있습니다.(각각의 상자를 열면 좋은 아이템이 들어 있습니다.) 코인은 상점에서 현금으로 산 보석으로 구입할 수도 있습니다. 위의 그림에서 코인 17개는 브롤 상자를 열어서 받은 보상 중의 하나입니다.

코인, 보석, 토큰, 파워 포인트, 스타 포인트의 수집 및 사용

브롤스타즈에서 다양한 종류의 이벤트를 모두 경험하면, 여러 종류의 아이템을 많이 얻을 수 있습니다. 이 아이템은 전투에서 브롤러를 유지하며 브롤러 레벨을 올리고, 트로피 진척도를 진행하는 데 도움을 줍니다.

위에서 보이는 것처럼, 타라는 코인 20개를 써서 파워 레벨 2로 업그레이드할 수 있습니다. 업그레이드하면, 화면 오른쪽에 나온 것처럼 타라의 HP 수치, 일반 공격 및 특수 공격이 함께 올라갑니다.

게임 시작

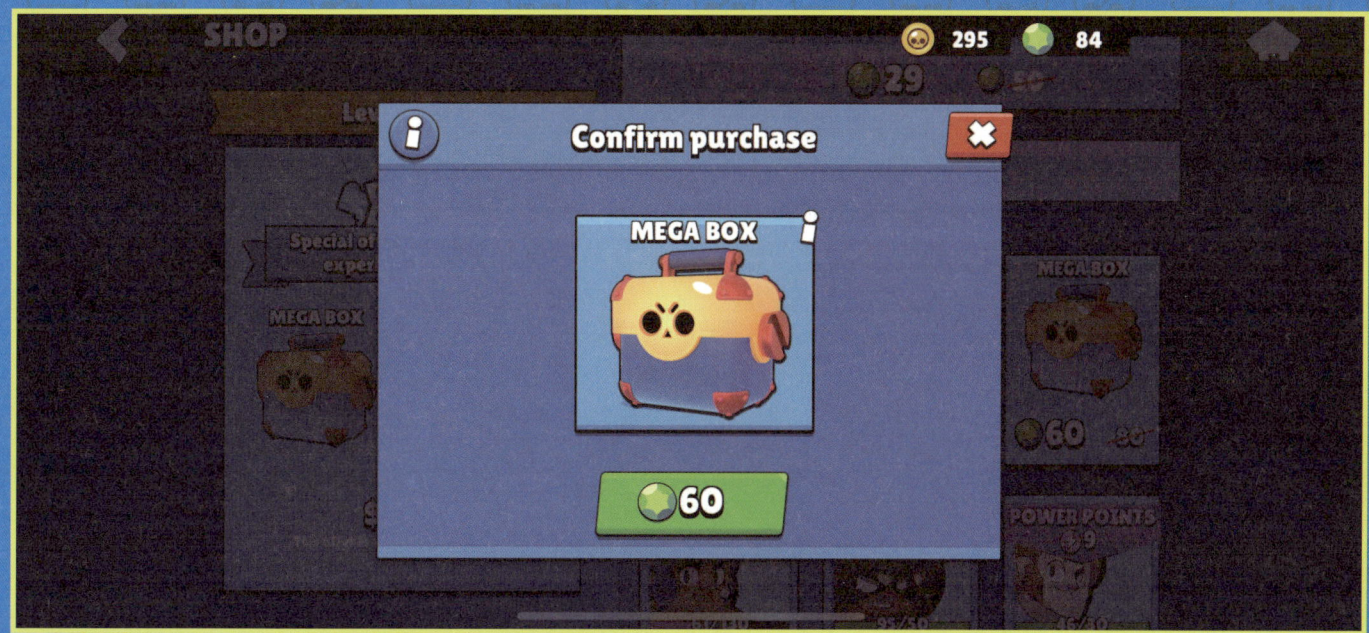

보석은 대형 상자, 메가 상자, 스킨, 코인 팩, 토큰 더블러 그리고 상점에서 파는 다른 아이템을 구입할 때 쓰입니다. 보석을 구입하려면 현금이 필요합니다. 보석은 2,500원~119,000원 사이로 구매할 수 있습니다. 위의 화면처럼, 메가 상자는 보석 60개로 구매할 수 있습니다.(2020년 1월 기준 보석 80개가 필요함.)

상자를 열어서 보석 몇 개를 얻을 수 있지만, 현금으로 보석을 추가 구입하지 않으면 상점에서 필요한 것을 살 수 있을 만큼의 보석을 얻기까지는 시간이 오래 걸립니다.

매일 상점을 꼭 확인해 보세요. 보석을 제외한 아이템을 무료로 받거나 코인을 사용해서 특정 브롤러 전용 파워 포인트(pp)와 같은 아이템을 구입할 수 있습니다. 파워 포인트는 특정 브롤러를 업그레이드하는 데 사용됩니다. 위의 그림에서는 티켓 2개가 무료로 제공되었습니다. 버튼을 눌러서 상품을 얻은 뒤 24시간 뒤에 상점으로 다시 가서 다른 상품을 받아가세요.

각 전투가 끝났을 때, 전투에서 이겼거나 스타 플레이어로 선정되면 트로피를 획득합니다. 트로피를 획득한 다음에 트로피 진척도를 따라 특정 단계에 도달하면 새로운 브롤러, 상자, 이벤트, 파워업을 잠금 해제할 수 있습니다.

업그레이드 기회를 획득했으면, 전투 중간에 주기적으로 브롤러 화면에 접속하세요. 홈 화면 오른쪽에 있는 브롤러 아이콘을 눌러서 각각의 브롤러를 업그레이드하면 됩니다. 위의 화면에서 넷 중 두 명의 브롤러(쉘리와 니타)는 업그레이드할 수 있습니다. 브롤러의 파워 레벨을 업그레이드할 수 있는 파워 포인트를 충분히 얻었다면, 코인을 지불하고 업그레이드합니다. 브롤러가 더 높은 파워 레벨을 얻을수록, 업그레이드하기 위해서는 더 많은 파워 포인트와 코인이 필요합니다. 각 브롤러의 파워 레벨은 최대 10까지 업그레이드할 수 있습니다.

트로피 진척도의 마지막까지 도달해서 모든 상품을 잠금 해제하려면 총 14,500개의 트로피를 획득해야 합니다. 프로게이머라고 하더라도 이 게임을 끝내는 데 오랜 시간이 걸리니 걱정할 필요가 없습니다. 게다가, 추후 트로피 진척도가 늘어날 수 있기 때문에 트로피를 계속해서 추가로 획득해야만 더 많은 상품을 잠금 해제할 수 있습니다.

게임 시작

하지만 전투에서 지거나 목표에 도달하지 못할 때에는 보유한 트로피에서 하나 이상의 트로피를 잃게 되어 트로피 진척도의 진행 속도가 느려지게 됩니다.

전투 중에 승리하면 브롤 상자를 여는 데 필요한 토큰을 획득할 수 있습니다. 브롤 상자를 잠금 해제하려면 토큰 100개가 필요합니다. 홈 화면의 플레이 버튼 위에는 현재까지 보유한 토큰 개수와 함께 타이머가 표시됩니다. 얻을 수 있는 토큰을 전부 모으게 되면, 타이머가 재설정될 때까지 기다려야만 전투에서 보상으로 받는 토큰을 다시 얻을 수 있습니다. 토큰을 얻지 못하더라도, 원하는 만큼 게임할 수 있고 트로피도 획득할 수 있습니다.

콜트는 승리하는 데 도움을 주어 스타 토큰 1개, 트로피 6개, 토큰 32개를 얻었는데, 토큰 더블러가 활성화되어 총 64개의 토큰을 얻었습니다.

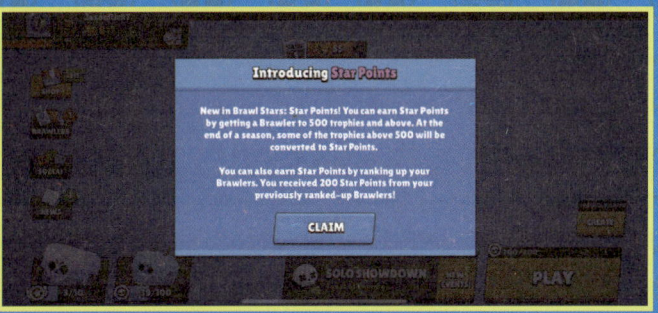

브롤스타즈에서 쓰이는 또 다른 형태의 게임 화폐 중에 스타 포인트가 있습니다.

스타 포인트는 게임 중에 얻을 수 있으며 상점에서 전용 아이템을 구입하는 데 쓰입니다. 현재 보유한 스타 포인트의 개수는 현재 보유한 티켓, 코인, 보석의 개수와 함께 항상 화면 위쪽 중앙에 표시됩니다.

상점을 방문할 때 오른쪽으로 스크롤해서 스타 상점을 찾아보세요. 스타 상점에는 스타 포인트로 얻을 수 있는 아이템 종류가 있습니다. 위의 그림에서 무법자 콜트 스킨은 스타 포인트 500개로 구입 가능하며 불의 라인 배커 스킨은 스타 포인트 2,500개로 구입할 수 있습니다. 두 상품은 12시간 19분 후에 종료되며 매일 새로운 상품으로 교체됩니다.

"스타 플레이어" 타이틀을 얻는 데 필요한 것

개인적인 전투 능력을 향상하는 최고의 방법은 친선 게임에 참여하는 것입니다. 친선 게임에 참여하면 특정 게이머를 선택해서 아군과 적군으로 싸울 수 있을 뿐만 아니라 전투하는 동안에 모든 브롤러가 업그레이드됩니다. 친선 게임의 경우, 아직 잠금 해제하지 않은 이벤트일지라도 전부 참가할 수 있습니다.

친선 게임에서는 트로피나 토큰을 얻을 수 없지만 연습을 하다 보면 실제 전투에서 더 쉽게 이길 수 있습니다.

친선 게임 생성

팀을 만들어 친선 게임에 참가하려면 홈 화면에서 팀을 생성하는 추가 버튼을 누르세요.(2020년 1월 친선 게임 버튼은 가로 세 줄이 그려진 메뉴 아이콘을 눌러 들어가야 합니다.)

친선 게임 화면에서 각 브롤러의 초대 버튼을 눌러서 같은 팀이나 상대 팀이 될 특정 게이머를 초대하세요. 온라인 친구로 채워지지 않은 자리는 자동으로 임의의 게이머로 채워집니다.

대부분의 초보자들은 다음 단계로 이동하기 전에 하나의 브롤러를 업그레이드해서 그 능력을 최고치로 올리는 데 집중하는 편입니다. 그렇지만 가능한 많은 브롤러를 잠금 해제해서 실행한 다음에 브롤러를 골고루 업그레이드하는 데 집중한다면 게임을 더 빨리 진행할 수 있습니다.

하나의 브롤러만 선호하지 마세요. 브롤러는 파워 레벨 면에서도 골고루 보유하도록 해야 합니다. 그러면 각 브롤러의 장단점을 익히는 데 도움이 됩니다. 나중에 선호하는 브롤러를 조종할 때, 잠금 해제한 브롤러로 싸웠던 경험이 있으면 적의 공격을 예측할 수 있습니다.

브롤러로 싸우는 동안에, 브롤러의 일반 공격, 특수 공격, 스타 파워를 사용할 완벽한 타이밍과 위치 선정에 집중하세요. 각 브롤러의 이런 특징을 파악해 두면, 체력 보충과 탄환을 재장전하는 시간에 익숙해져서 더 방어적인 전투 자세를 취할 수 있습니다.

더 강하거나 전술적으로 유리한 적을 피하려면 후퇴 또는 벽 뒤로 숨거나 덤불 속에 숨어야 하는 때도 알아야 합니다.

비공식 전략 가이드인 이 책은 광범위한 전투 전략, 이벤트 승리 획득 전략, 전투 중에 브롤러와 아군을 보호하는 확실한 방법을 알려 줍니다. 여러분은 지형을 유리하게 이용할 놀라운 기술을 익힐 뿐만 아니라, 전투 중 특정 임무를 수행할 때 브롤러를 배치할 최적의 장소를 발견하게 될 것입니다.

어떤 전략을 언제 펼칠지 파악하는 것은 첫 단계일 뿐입니다. 스타 플레이어 타이틀을 계속 얻고 싶으면, 많은 시간을 투자해서 실제로 **브롤스타즈** 게임을 하며 직접 다양한 이벤트를 경험해서 여러 브롤러를 조종하는 것에 익숙해져야 합니다. 다시 말하자면, 좋은 플레이어가 되려면 많이 연습해야 합니다.

브롤러가 세 발의 공격을 전부 발사한 후에는 한 번에 하나의 탄창을 재장전하는 데 몇 초가 소요됩니다. 위의 그림에서 JasonRich7이란 플레이어가 세 발을 다 사용해서 그의 브롤러 머리 위에 탄약 수치가 빨간 색(탄창이 비었다는 뜻임.)으로 깜박이는 것을 확인할 수 있습니다.

그 동안에, 브롤러의 일반 공격, 특수 공격, 스타 파워를 사용하지 않으면 HP가 천천히 다시 충전됩니다. 공격력이나 HP가 다시 충전되는 동안에 적의 공격으로부터 브롤러를 지키려면 벽이나 단단한 물체 뒤에 숨는 편이 좋습니다. 물론 벽이나 단단한 물체 뒤에 숨어 있어도 적들이 여러분의 브롤러 위치를 파악할 수 있습니다.

돌진, 은폐, 피신, 또는 후퇴할 때 알아야 할 것

전투 중에는 브롤러가 공격하려고 적을 향해 돌진해야 하는 때가 있습니다. 돌진은 가능한 한 관심을 끌지 않고 최대한 빠르게 목표물을 향해 곧바로 달려가는 것을 뜻합니다. 상황에 따라 목표물에 접근하는 동안에 브롤러의 자동 조준 공격을 사용하거나 사용하지 않을 수도 있습니다.

JasonRich7의 HP가 회복되는 중

브롤러가 덤불 속에 있으면 적을 피해 숨어 있을 수 있습니다. 그 사이에 HP와 공격력을 재충전할 수 있습니다. 하지만 적이 일반 공격이나 특수 공격을 덤불에 발사하거나 그 속으로 들어오면, 숨어 있던 브롤러가 발각됩니다. 특히 쇼다운 이벤트를 할 때에는 처음 몇 분간 숨어 있으면 그 동안에 여러 적들이 서로 공격하면서 그 수가 줄어들기 때문에 좋은 방법입니다. JasonRich7이 조종하는 발리 브롤러 위에 있는 녹색의 "+"를 주목하세요. 발리는 현재 전장의 왼쪽에 있는 덤불 속에 숨어서 HP와 공격력이 충전되기를 기다리고 있습니다.

브롤러가 세 발의 공격을 전부 썼어도 아직 적을 없애지 못했다면 적으로부터 가능한 먼 곳으로 후퇴해야 합니다.

적이 장거리 전투에 뛰어나다면 후퇴할 때 중요합니다. 경우에 따라 장거리 공격을 사용할 수 있으면, 적을 공격하면서 후퇴해야 적과의 안전거리를 유지하면서 동시에 적에게 피해를 입힐 수 있습니다.

2장
게임을 다운로드해서 시작하는 방법

게임을 다운로드해서 시작하는 방법

아이폰과 아이패드는 애플 앱 스토어에서, 안드로이드 기반 모바일 기기는 구글 플레이 스토어에서 각각 **브롤스타즈**를 다운로드할 수 있습니다. 첫 번째 단계는 게임을 다운로드해서 설치하는 것입니다. 그다음에 **브롤스타즈** 계정을 설정하고 게임을 시작하세요!

브롤스타즈는 진짜 무료로 할 수 있나요?

브롤스타즈는 무료이면서도 수시로 등장하는 광고가 없어서 계속해서 게임을 이어갈 수 있습니다. 하지만 무료로 이용할 경우 새로운 브롤러를 잠금 해제하고, 브롤러를 업그레이드하고, 보석으로 상점에서 필요한 아이템을 구입하기까지 시간이 오래 걸립니다.

모바일 기기에 필요한 최소 사양

한번 시작하면 멈출 수 없는 **브롤스타즈**를 경험하고 싶다면 호환되는 모바일 기기에 게임을 다운로드해서 설치하세요. 설치하기 위한 권장 사양으로 1.5G 램(RAM) 이상, 1.5GB 저장 공간이 확보되어야 합니다. 게임을 처음 설치할 때 최소 1GB의 램이 필요하며, 저장 공간은 1GB가 소모되기 때문입니다.

아이폰이나 아이패드에서 브롤스타즈 다운로드하는 방법

애플의 iOS 9.0 이상의 아이폰이나 아이패드에서 실행해야 합니다. 다음 단계에 따라서 다운로드하세요.(다음은 아이폰 Xs Max에서의 화면임.)

- **1단계:** 모바일 홈 화면에서 앱 스토어를 시작하세요.
- **2단계:** 앱 스토어 화면에 있는 검색 아이콘을 누르세요.
- **3단계:** 검색 칸에 "**브롤스타즈**"를 입력하세요.
- **4단계:** 앱 목록에 **브롤스타즈**가 있으면 받기 버튼을 누르거나 게임 제목을 눌러서 앱 스토어의 설명 화면에 접속하세요.

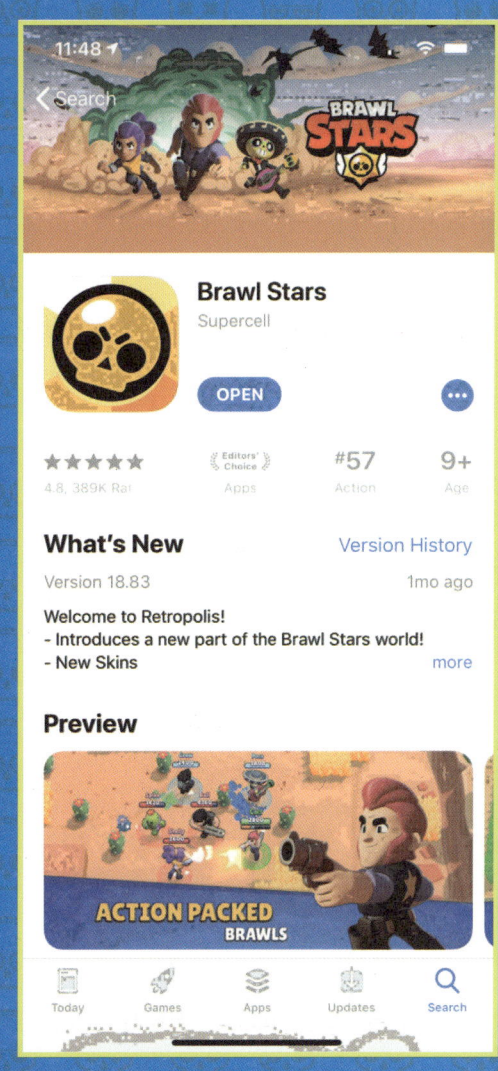

- **5단계:** 앱을 다운로드한 다음에, 앱 스토어에서 나가지 않았다면 열기 버튼을 눌러서 게임을 시작하거나 모바일 홈 화면에 만들어진 **브롤스타즈** 앱 아이콘을 눌러서 게임을 시작하세요.

- **6단계:** 화면에서 중요한 공지를 알리는 팝업 창이 뜨면 '확인(Okay)' 버튼을 누르세요.

- **7단계:** 빈칸이 나오면 이름을 입력하세요. 나중에 온라인에서 만나는 모든 팀원과 게이머가 그 이름을 보게 됩니다.

아이폰 iOS 13 실행 시 컨트롤러 지원

플레이스테이션 4나 Xbox One 컨트롤러를 스마트폰에 무선으로 연결하면 터치스크린 컨트롤러 대신에 게임 컨트롤러로 게임의 화면 동작을 조종할 수 있는 기능이 iOS 13과 아이패드 OS 13에 추가되었습니다. **브롤스타즈**에서도 게임 컨트롤러 호환 테스트를 실시했으므로 문제없이 사용 가능합니다.

아이폰이나 아이패드의 "미러링" 기능을 이용해서 애플 TV 기기로 고화질 게임 화면을 볼 수 있지만, 종종 연결 시간이 지연되어서 게임할 때 좋지 않은 영향을 끼칩니다.

쉘리(브롤스타즈 기본 브롤러)

안드로이드 기반 모바일 기기에서 브롤스타즈 다운로드하고 설치하는 방법

브롤스타즈는 구글 플레이 스토어에서 다운받아 안드로이드 모바일 기기에 설치할 수 있는 무료 게임입니다. 다음 단계에 따라, 안드로이드 기반의 스마트폰이나 태블릿에서 **브롤스타즈**를 찾아 다운로드한 후 설치해 보세요.(다음은 구글의 Pixel 3a XL 스마트폰 모습임.)

게임을 접속하면 게임에서 조종할 수 있는 첫 번째 브롤러인 쉘리를 만나게 됩니다. 게임 방법을 알려 주는 화면을 따라서 게임에 필요한 몇 가지 사항을 알아 두세요. 스마트폰에서 **브롤스타즈** 게임을 할 때에는 스마트폰을 가로로 들어야 합니다.(위의 화면은 아이패드에서의 모습)

- **8단계:** 게임을 시작하기 전에 연습을 몇 번 해 보세요.

게임을 다운로드해서 시작하는 방법

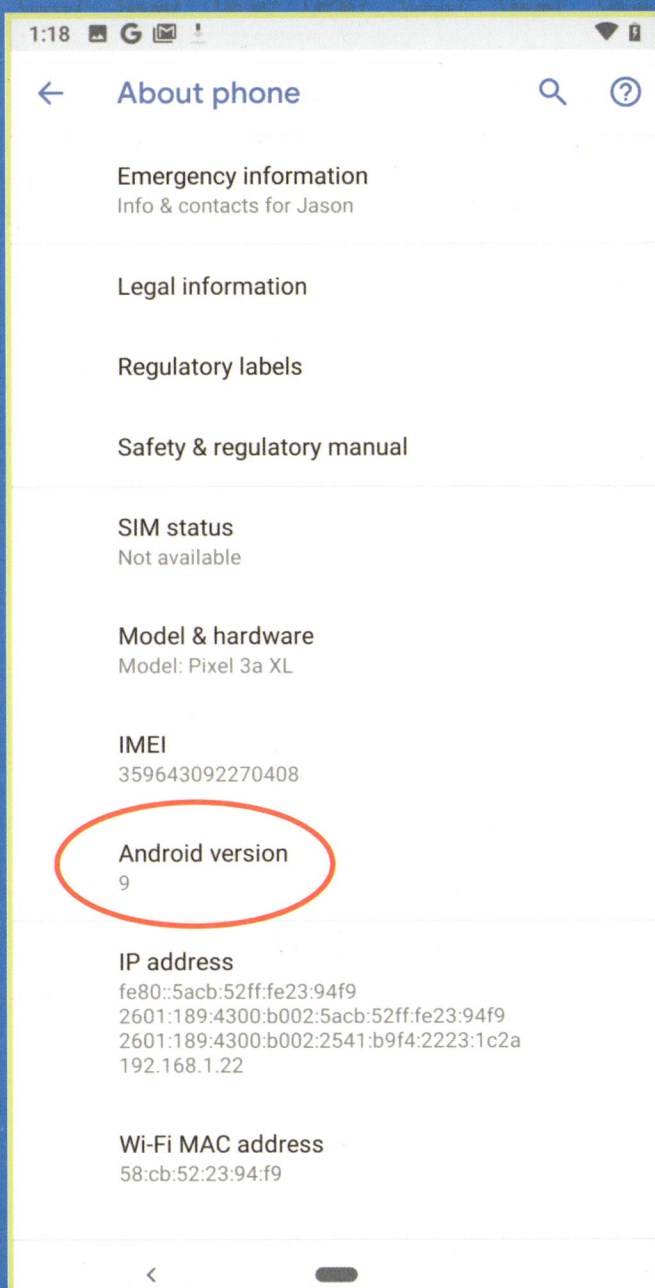

설치하는 모바일 기기의 안드로이드 운영 체제를 확인하려면, 설정에서 옵션을 선택하세요. 기기에 따라 일반 정보를 누른 다음에 장치 정보 옵션을 선택해야 합니다. 그리고 나서 안드로이드 버전을 찾아보세요.

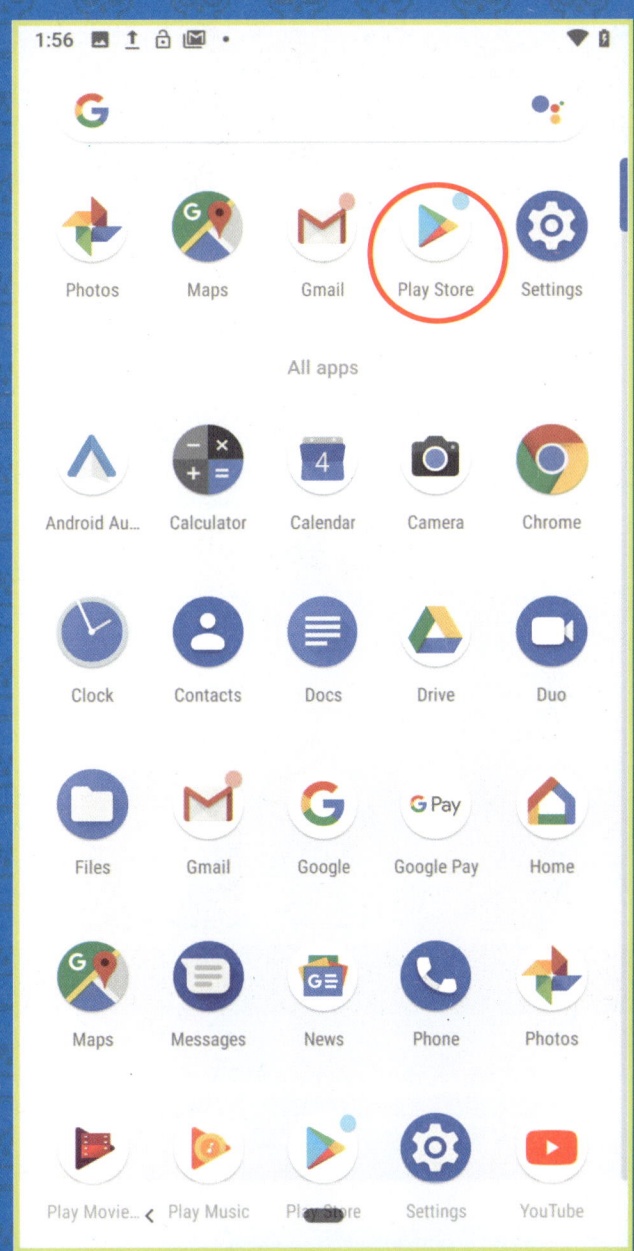

- **1단계**: **브롤스타즈**는 안드로이드 4.3 이상의 모바일 기기라면 설치할 수 있지만, 스마트폰과 태블릿에서 권장 사양은 안드로이드 5 이상입니다. 위의 경우, 안드로이드 버전이 9인 스마트폰에서 실행되고 있습니다.

- **2단계**: 홈 화면에서 구글 플레이 스토어 앱을 시작하세요.

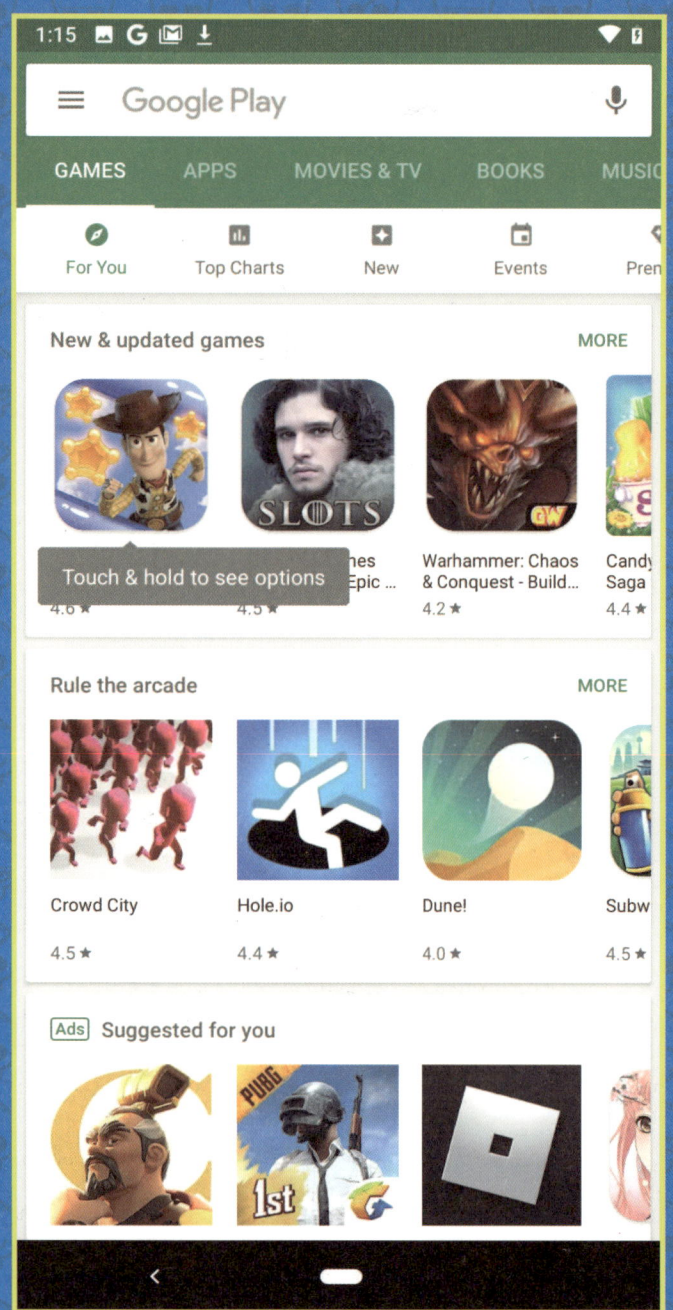

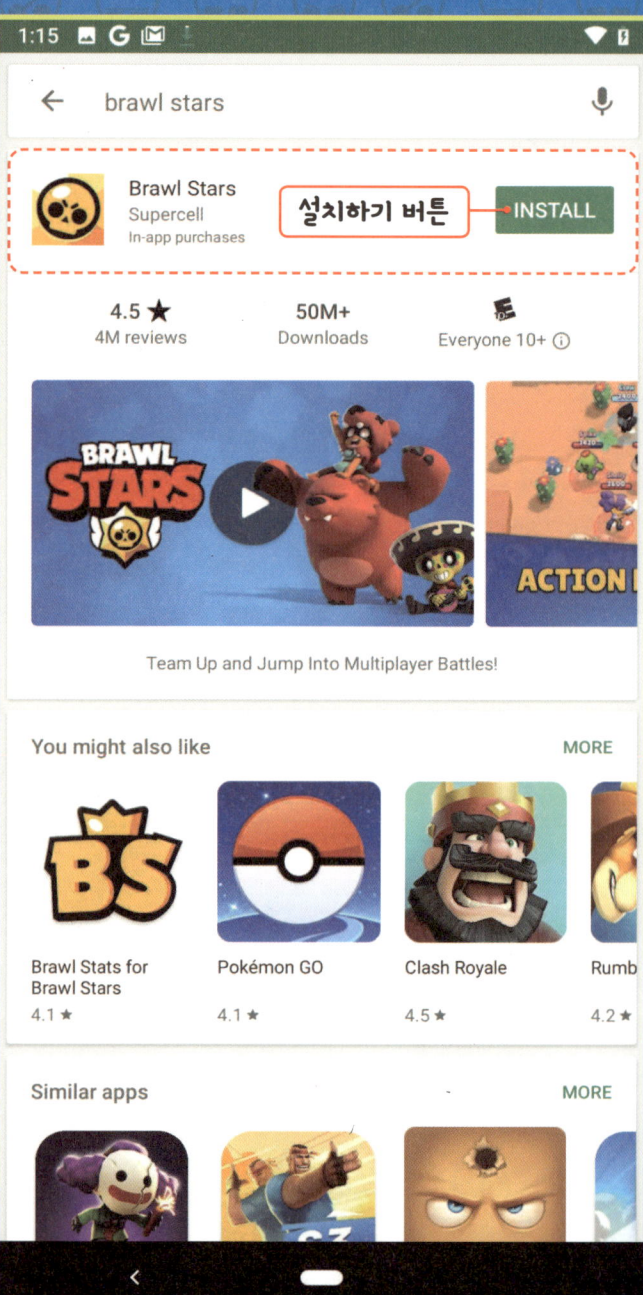

• **3단계:** 화면 위쪽 검색 칸에서 "브롤스타즈"를 입력하세요.

• **4단계:** 브롤스타즈를 설명하는 앱 화면이 나타나면, 설치 버튼을 누르세요.

게임을 다운로드해서 시작하는 방법

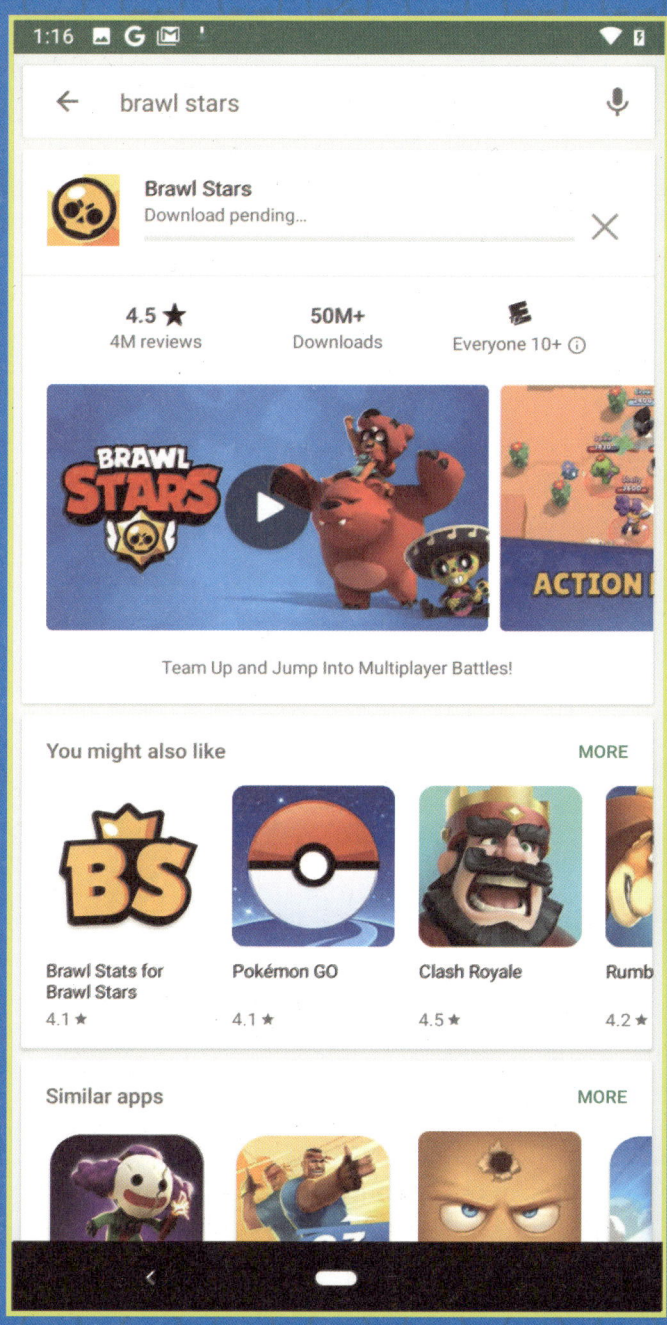

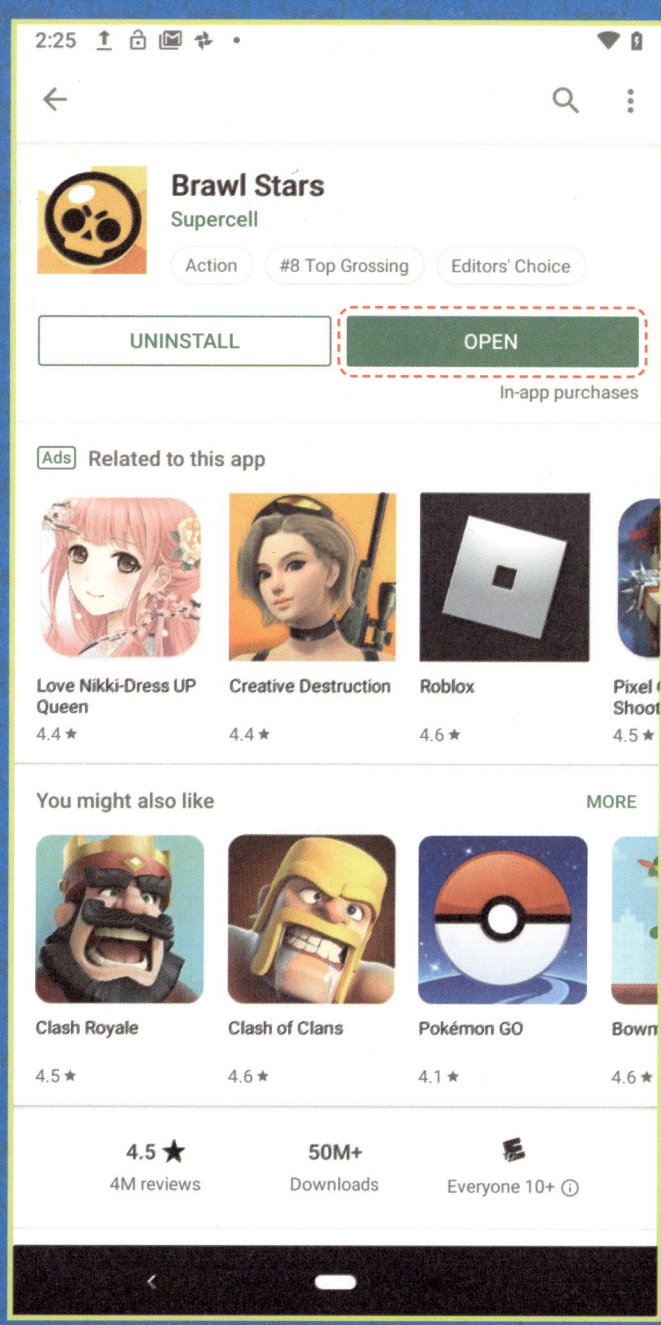

• **5단계**: 메시지가 뜨면 승인 버튼을 누르세요. 모바일 기기에 게임 앱을 다운받아서 설치하는 데 몇 분이 걸릴 수 있습니다.

• **6단계**: 앱을 설치한 다음에, 열기(open) 버튼을 눌러서 게임을 시작하세요.

- **7단계:** 게임을 접속하면 게임에서 조종할 수 있는 첫 번째 브롤러인 쉘리를 만나게 됩니다. 화면의 안내를 따라서 게임에 필요한 몇 가지 사항을 알아두세요. 스마트폰에서 **브롤스타즈** 게임을 할 때에는 스마트폰을 가로로 들어야 합니다.

- **8단계:** 빈칸이 나오면 이름을 입력하세요. 나중에 온라인에서 만나는 모든 팀원과 게이머가 그 이름을 보게 됩니다.

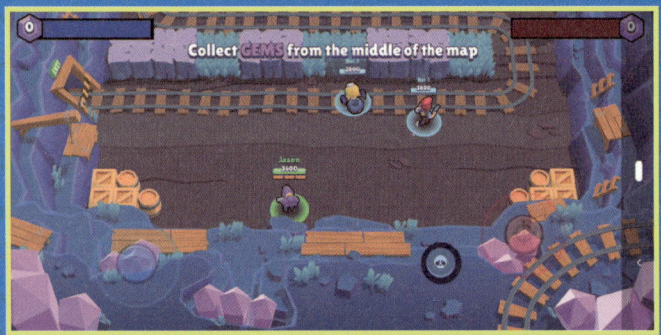

- **9단계:** 게임을 시작하기 전에 연습을 몇 번 해 보세요.

윈도우 PC 또는 Mac에서 브롤스타즈 게임하기

현재 **브롤스타즈**는 공식적으로 iOS와 안드로이드 기반의 모바일 기기에서만 사용할 수 있습니다. 만약 윈도우 PC나 Mac에서 엄청난 인기와 재미, 도전 의식을 불러일으키는 이 게임을 즐기고 싶다면, 블루스택 4(Bluestacks 4)를 쓰면 가능합니다.

전 세계 3억 7천만 이상의 이용자를 보유한 블루스택 4는 윈도우 PC나 Mac에 무료로 설치한 다음에 구글 플레이 스토어에서 원하는 안드로이드용 게임을 설치하고 플레이할 수 있도록 하는 에뮬레이터입니다. 이렇게 하면 컴퓨터 마우스와 키보드로 게임을 조종하고 컴퓨터 화면으로 모든 동작을 볼 수 있다는 장점이 있습니다.

윈도우 PC 또는 Mac에서 브롤스타즈 설치하고 게임하는 방법

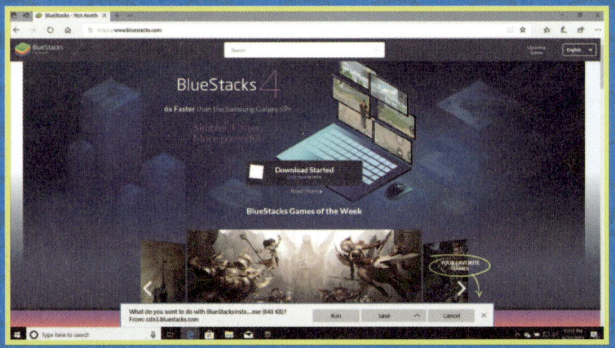

- **1단계:** 마이크로소프트 엣지(microsoft edge, PC), 구글 크롬(PC 또는 Mac), 사파리(Mac)와 같은 웹 브라우저를 사용하는 윈도우 PC나 Mac에서 **브롤스타즈**의 안드로이드 버전을 실행하려면, www.bluestacks.com 웹 사이트를 방문해서 '다운로드 블루스택' 버튼을 누르세요. 이 과정은 컴퓨터와 인터넷 속도에 따라서 10분~15분 정도 소요됩니다. 다음은 윈도우 PC에서 실행한 과정입니다.

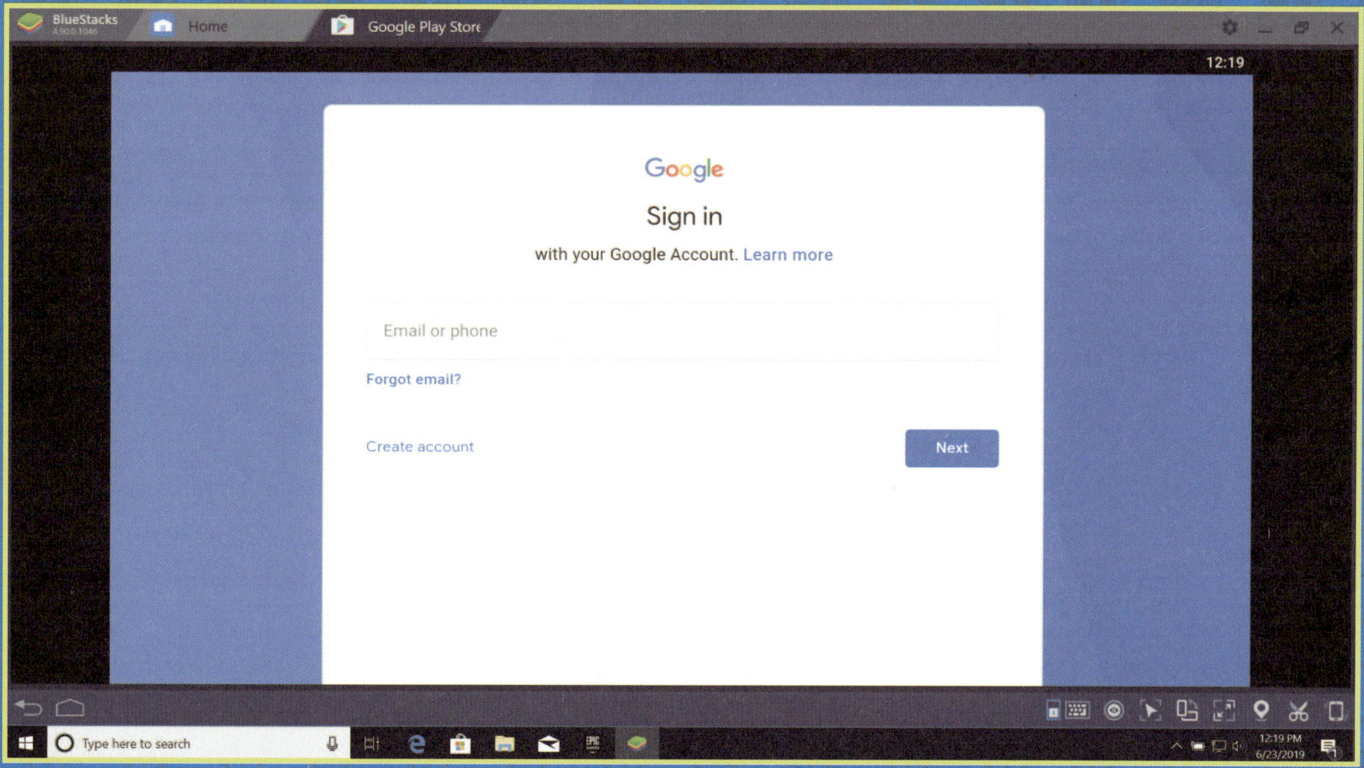

게임을 다운로드해서 시작하는 방법

37

- **2단계:** 블루스택 소프트웨어가 설치되었으면, 인터넷이 연결된 윈도우 PC나 Mac에서 블루스택을 사용해서 구글 플레이 스토어에 접속하세요. 구글 계정으로 로그인하세요.

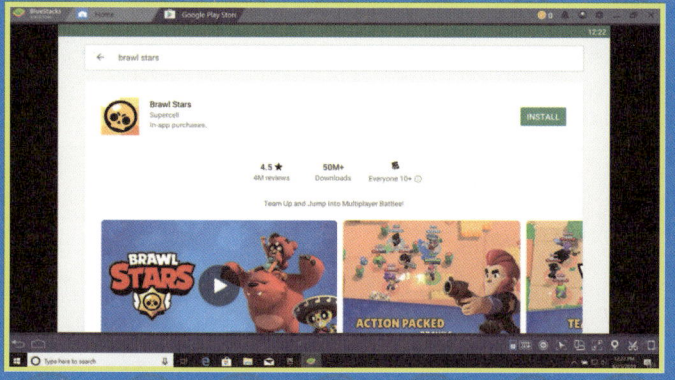 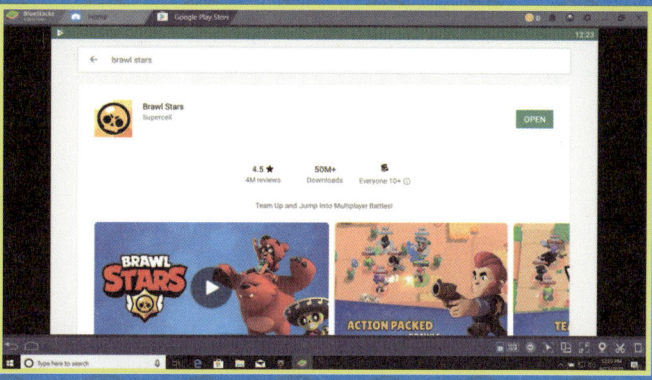

- **3단계:** 구글 플레이 스토어에 들어가서 **브롤스타즈**를 검색하세요. 그다음에 블루스택 창의 오른쪽 위에 있는 설치 버튼을 눌러서 게임을 다운받아 설치하세요. 그리고 열기 버튼을 눌러서 게임을 시작하세요.

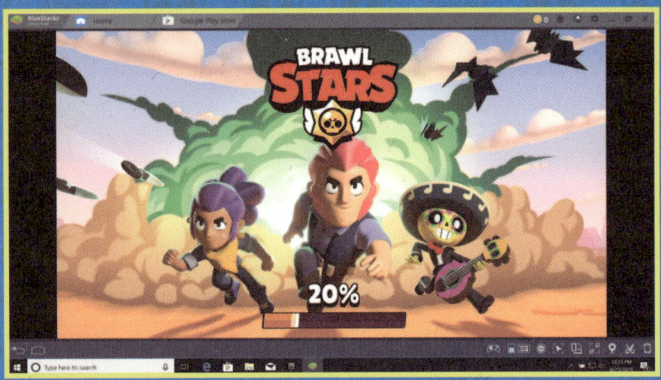

- **4단계**: 이 게임은 안드로이드 기반의 스마트폰이나 태블릿처럼 정상적으로 작동됩니다.

- **6단계**: 터치스크린이 아닌 키보드와 마우스(또는 컨트롤러/게임패드)를 사용해서 동작을 조종한다는 점을 제외하곤 모바일 기기에서 하는 것처럼 **브롤스타즈**를 플레이할 수 있습니다. 위의 화면은 윈도우 PC에서 **브롤스타즈**가 정상적으로 실행되는 모습을 보여주고 있습니다.

브롤스타즈 게임 설정하기

브롤스타즈 안내 사항을 다 읽은 후 가장 먼저 할 일은 게임의 메인 메뉴에 접속해서 설정 메뉴에 있는 다양한 옵션을 맞추는 것입니다.(여기서는 아이패드에서 설정한 과정을 보여 줍니다.)

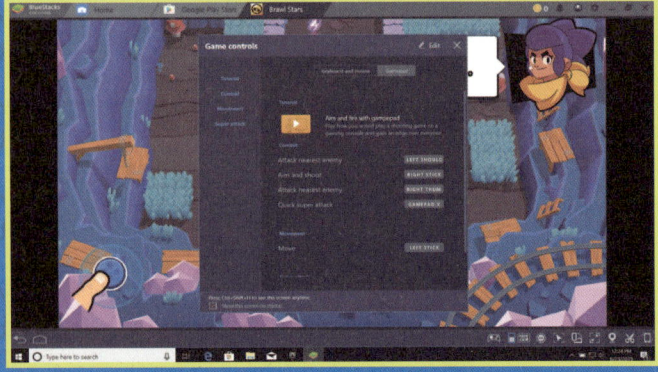

- **5단계**: **브롤스타즈**를 설치한 후에, 기본 키보드나 마우스 게임 컨트롤을 쓰거나 키보드 키를 원하는 대로 조절할 수 있습니다. 윈도우 PC 또는 Mac에서 블루스택을 사용할 때에도 호환되는 컨트롤러나 게임패드를 사용하여 게임할 수 있습니다.

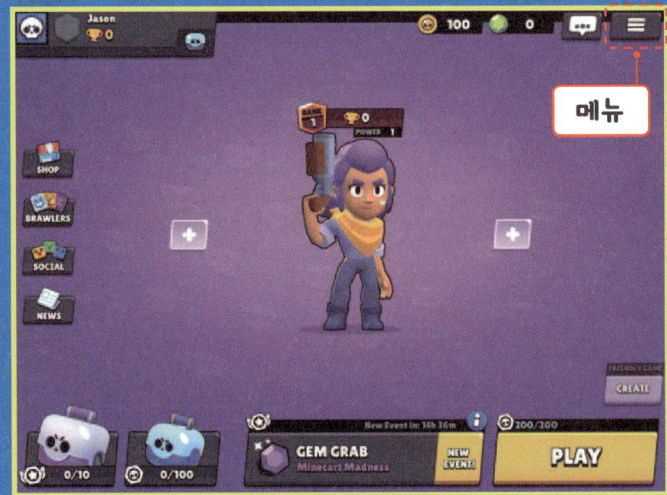

설정 메뉴에 접속하려면 홈 화면의 오른쪽 위에 있는 메뉴 아이콘을 누르세요.

게임을 다운로드해서 시작하는 방법

화면 오른쪽에 있는 설정 메뉴를 누르세요.

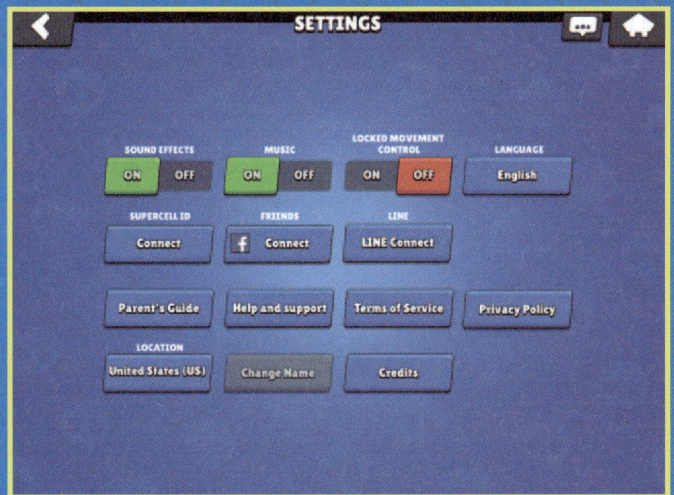

설정 메뉴에서 효과음과 음악을 켜거나 끌 수 있습니다. 효과음은 게임에서 중요한 역할을 하지만, 음악은 게임을 더 즐기기 위한 장치이므로 만약 음악이 게임을 하는 데 방해가 되면 음악을 꺼도 됩니다.

이동 조이스틱 고정을 기본 꺼짐(off) 상태로 그대로 두세요. 이 기능을 켜두면 이동과 슈팅을 조종하는 컨트롤이 화면에 계속 남아 있게 됩니다.

슈퍼셀 ID 기능을 이용하는 법, 게임 계정으로 페이스북에 연동하는 법, 라인 연동 기능을 이용하는 법 등은 이 책 후반부에서 다룰 것입니다. 현재 단계에서 중요한 것은 필요시 지역 옵션을 변경하는 것입니다.

지역 버튼에 표시된 국가 옵션이 여러분이 거주하는 국가인지 꼭 확인하세요. 맞지 않다면, 지역 버튼을 눌러서 지역 선택 메뉴 화면에서 아래로 스크롤하며 해당 국가를 찾아 누르세요. 국가는 알파벳 순서로 나열되어 있습니다.

팝업 창이 뜨면, 확인 버튼을 눌러서 지역을 선택하세요. 새로 선택한 지역은 설정 메뉴를 볼 때 지역 버튼에 나타납니다.

지역을 거주하는 국가로 선택하지 않으면, 간혹 인터넷 연결 속도가 느려질 수 있습니다. **브롤스타즈** 게임을 할 때는 인터넷 연결 속도를 최고로 유지하는 것이 좋습니다. 모바일 기기를 와이파이(Wi-Fi) 핫스팟에 연결하면 최고 속도로 인터넷에 연결할 수 있습니다.

게임할 때 4G LTE 또는 5GE 데이터로 인터넷에 연결하는 것이 가장 좋은 방법이기는 하지만 이 방법은 무제한 데이터 요금제에 가입했거나, 데이터 할당량을 빠르게 소진해도 될 경우에만 사용해야 합니다. 설정 메뉴에 있는 옵션 선택을 끝냈다면, 화면 오른쪽 위에 있는 홈 아이콘을 누르세요. 이제 전투를 시작할 준비가 끝났습니다.

설정 메뉴에서 이름을 변경할 수도 있습니다. 이름은 게임하기 전과 도중에 아군과 적군 게이머들이 볼 수 있습니다. XP 5레벨에 도달하기 전까지는 이름을 변경할 수 없습니다. 그때까지, 게임을 처음 시작할 때 입력한 이름을 사용해야 합니다.

개인 계정 보호를 위한 슈퍼셀 ID 이용

게임을 하는 동안 브롤러를 잠금 해제해서 업그레이드하고, 아이템을 구입한 모든 정보가 **브롤스타즈** 온라인 계정에 저장됩니다.

브롤스타즈 계정을 지키는 것은 매우 중요합니다. 게임을 하는 온라인 친구와 연결할 때 사용자 이름을 알려줄 수 있더라도, 절대로 비밀번호를 알려 주지 마세요.

게임에 있는 슈퍼셀 ID 기능 옵션을 켜 두면, 게임 장치를 쉽게 전환하여 **브롤스타즈**를 플레이할 수 있으며 해킹이나 도난으로부터 게임 계정을 지킬 수 있습니다. 다음 단계에 따라 슈퍼셀 ID 기능을 꼭 켜 두세요.

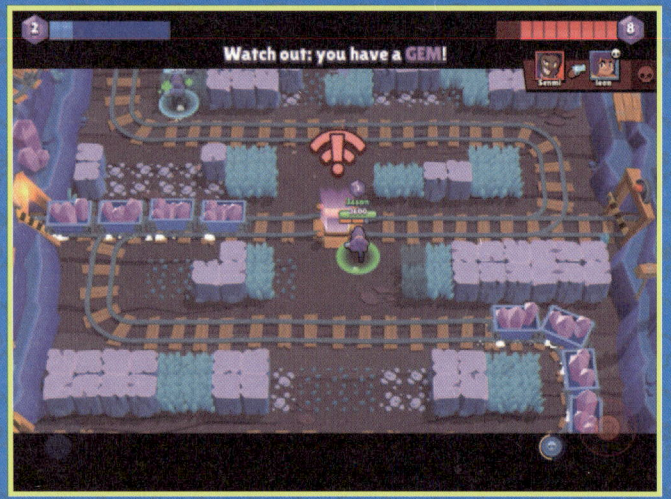

인터넷 속도가 느린 곳에서 **브롤스타즈**를 하면 그때마다 화면 중앙에 빨간색의 "인터넷 연결 불량" 아이콘이 나타납니다. 이 상태에서도 게임을 계속할 수 있지만 인터넷 연결이 너무 느려질 경우 게임이 초기화되면서 홈 화면으로 돌아갑니다.

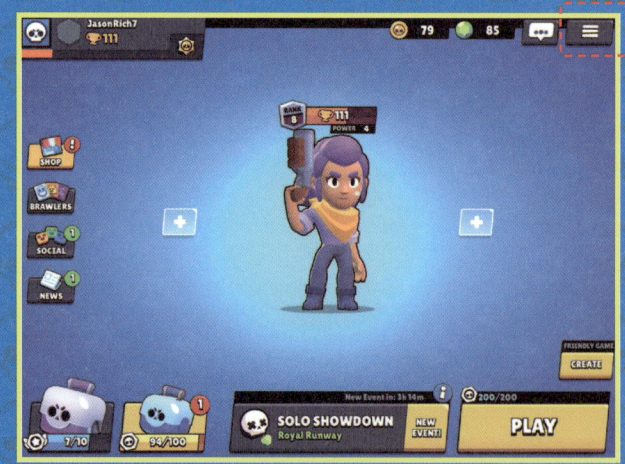

• **1단계:** 홈 화면에서 화면 오른쪽 위에 있는 메뉴 아이콘을 누르세요.

게임을 다운로드해서 시작하는 방법

• **2단계:** 메뉴 위쪽에 있는 설정 버튼을 누르세요. (2020년 1월 기준으로 메뉴구성에 차이가 있음. 메뉴를 들어가면, 메뉴 하단에 서 슈퍼셀 ID 버튼을 바로 확인할 수 있음.)

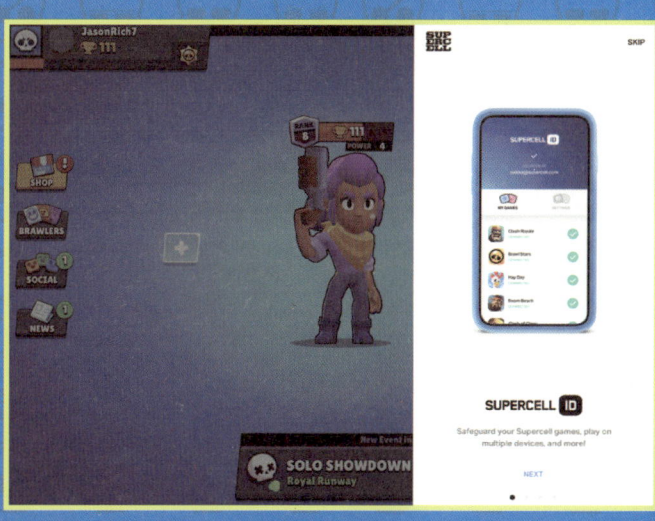

• **4단계:** 슈퍼셀 ID 기능을 설명하는 정보 화면을 계속 넘기세요.

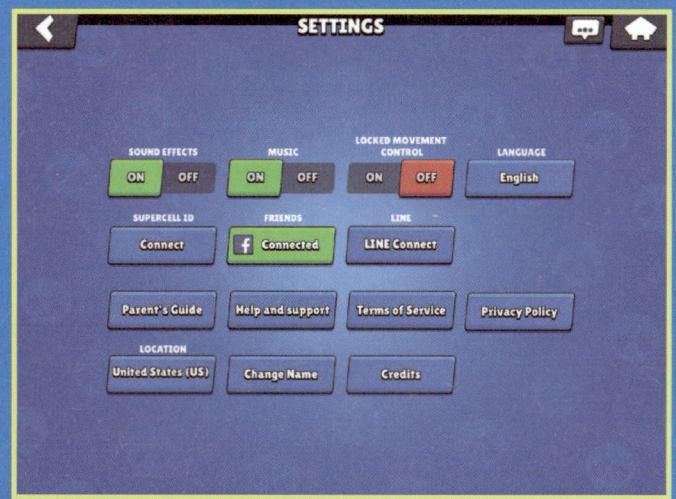

• **3단계:** 설정 메뉴에서 슈퍼셀 ID 연결 버튼을 누르세요.

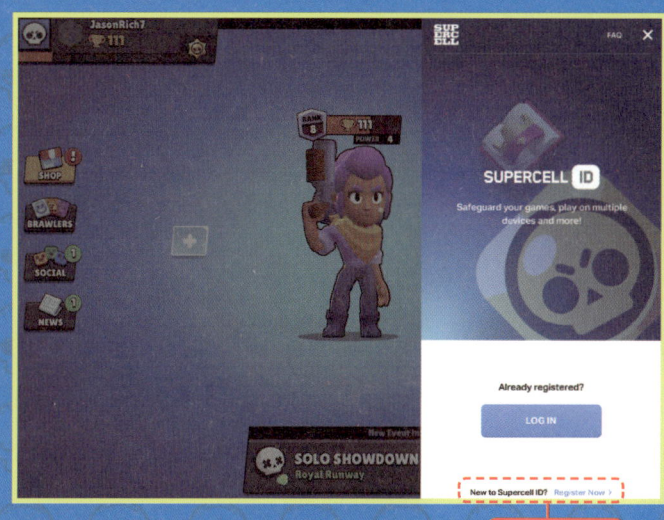

• **5단계:** 슈퍼셀 게임이 처음이라면, 화면 오른쪽 아래에 있는 '지금 가입' 옵션을 선택하세요.

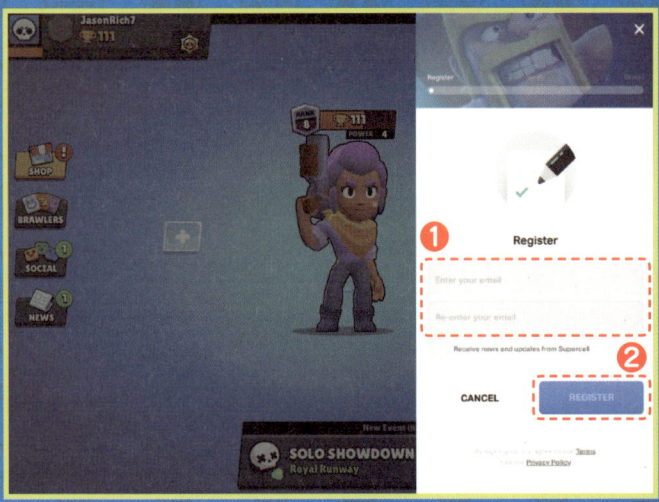

- **6단계:** 팝업 창이 뜨면 ①이메일 주소를 두 번 입력한 다음에 ②가입 버튼을 누르세요.

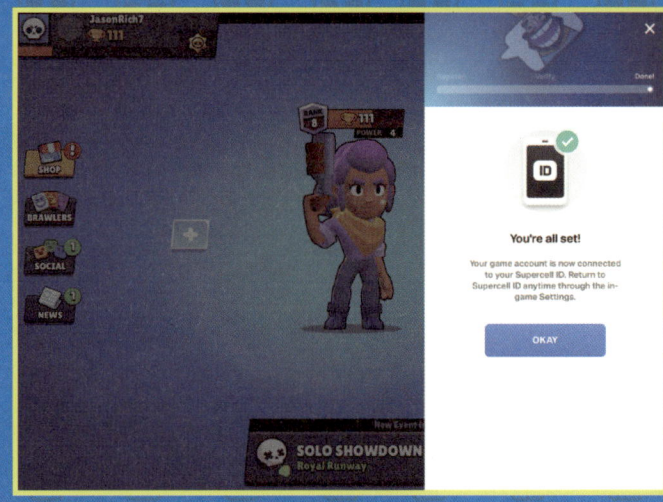

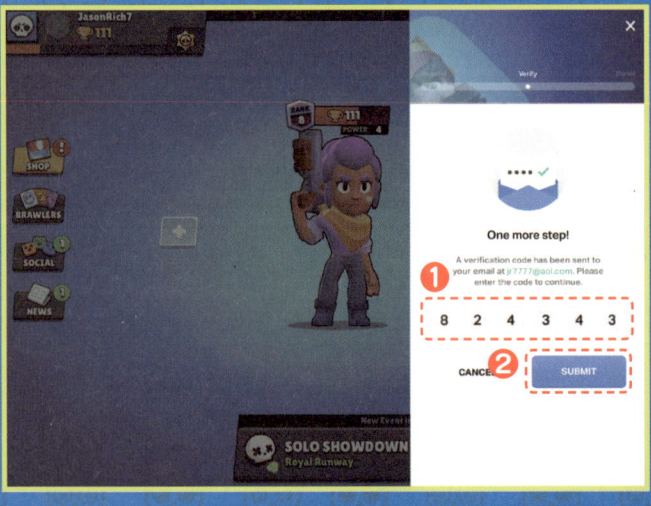

- **7단계:** 6자리 인증코드가 이메일 주소로 발송됩니다.(숫자는 여기에 있는 것과 다릅니다.) 코드를 받으면 ①인증 화면에 입력한 다음에 ②확인 버튼을 누르세요.

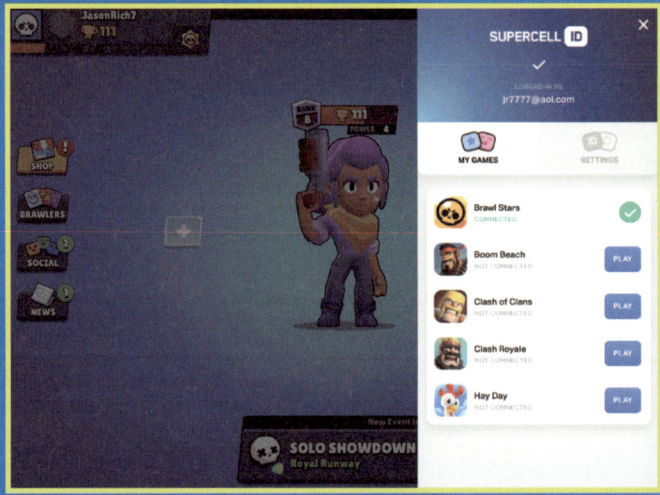

- **8단계:** 화면에 '완료되었습니다!'란 메시지가 뜨면, 확인 버튼을 누르세요. 이제 게임 계정이 슈퍼셀 ID에 연결되었습니다. "X" 아이콘을 눌러서 슈퍼셀 ID 화면을 종료하세요. 이제 **브롤스타즈**를 플레이할 준비가 모두 끝났습니다.

브롤러 소개

2019년 초여름, **브롤스타즈**는 27개의 브롤러를 출시했습니다.(2020년 1월 기준 33개 브롤러 출시) 각 브롤러는 기본, 희귀, 초희귀, 영웅, 신화, 전설로 나뉠 뿐만 아니라 전반적인 전투 능력에 따라 분류됩니다. 어떤 브롤러는 근거리 전투에 가장 적합하며 또 다른 브롤러는 중거리 전투에 더 능숙하고 폭탄 같은 무기를 던질 수 있습니다. 장거리 전투나 치유에 뛰어난 브롤러도 있습니다.

매번 전투를 시작하기 전에 하나의 브롤러를 선택해서 조종할 수 있습니다. 임의의 게이머와 함께 게임을 하려면 가장 편하고 잘 다룰 수 있는 브롤러를 선택하세요. 하지만 팀원이나 팀을 직접 선택한다면, 각 팀원 간의 부족한 부분을 보완해 주는 스킬을 보유한 브롤러를 선택하는 것이 좋습니다.

브롤러의 고유 기술과 능력

희귀도 외에도 각 브롤러는 체력 수치뿐만 아니라 일반 공격, 특수 공격 그리고 두 가지의 스타 파워 능력을 보유하고 있습니다. 브롤러는 다칠 때마다 체력이 어느 정도 소모됩니다. 체력이 소모되면 그 즉시 전투에서 일시적 또는 완전히 제외됩니다.

브롤러는 참여한 이벤트 종류에 따라, 전투에서 소멸된 후 약 3초 뒤에 전장의 특정 장소에서 부활할 수 있습니다. 예를 들어, 젬 그랩 이벤트가 그 경우에 해당됩니다. 하지만 쇼다운과 같은 다른 이벤트에서는 브롤러가 한 번 전투에서 소멸되면 그 전투에서는 더 이상 부활할 수 없습니다. 전투에서 소멸되더라도 게임 가능 횟수가 정해져 있지 않기 때문에 다른 전투에는 언제든지 참가할 수 있습니다.

체력

각 전투에서 브롤러의 머리 위에 표시되는 체력(HP)이 100%일 때 녹색 선으로 나타납니다. 브롤러가 공격받을 때마다 체력이 떨어집니다.

하지만 전투 중에 브롤러의 체력을 보충하거나 향상시킬 수 있는 몇 가지 방법이 있습니다. 일부 브롤러는 힐러가 되어 전투 동안에 아군의 체력을 향상시킬 수 있습니다.

어떤 전투에서 브롤러는 체력을 일부 보충해 주는 에너지 드링크를 찾아서 마실 수 있습니다. 위의 화면 중앙에 JasonRich7이 조종하는 브롤러 밑에는 컵 모양의 에너지 드링크가 있습니다. 에너지 드링크를 마시면, 브롤러는 파워업 효과가 활성화되어 힘이 생깁니다. 그러면 체력이 보충되어 잠시나마 더 빠르게 움직일 수 있습니다.

브롤러는 덤불에 몇 초 동안 숨어 있으면 체력을 빠르게 회복할 수 있습니다. 물론 전투에 참여하더라도 적의 공격을 받지 않거나 일반 공격이나 특수 공격을 마구 쓰지 않는다면 저절로 체력이 보충됩니다. JasonRich7이 조종하는 콜트 브롤러 근처에 있는 녹색의 "+" 아이콘은 콜트의 체력과 공격 능력이 보충되고 있다는 뜻입니다.

브롤러의 파워 레벨과 체력을 향상시킬수록 전투에서의 생존 능력이 향상되어 많은 공격에도 더 오래 살아남을 수 있습니다.

브롤러의 파워 레벨을 올리려면, 파워 포인트를 모아야 합니다. 파워 포인트는 번개 모양이 있는 분홍색 아이콘이며 PP라고 줄여 부릅니다. 정해진 개수의 파워 포인트를 다 모았을 때 파워 레벨을 업그레이드할 수 있습니다. 다음 단계로 업그레이드하려면 코인을 지불해야 합니다.

위의 경우에서 쉘리는 파워 레벨 3으로 업그레이드하는데 필요한 파워 포인트 30개를 전부 보유하고 있습니다. 업그레이드하려면 코인 35개를 지불해야 합니다.

파워 포인트는 일반적으로 브롤 상자, 대형 상자, 메가 상자에서 획득하거나 상점에서 코인으로 구매할 수 있습니다. 브롤 상자는 토큰 100개를 모아서 교환하면 얻을 수 있습니다. 파워 포인트 팩이 들어 있는 대형 상자는 스타 토큰 10개를 모으거나 상점에서 보석 30개로 상자를 구매할 수 있습니다. 메가 상자는 상점에서 보석 80개로 구매할 수 있습니다. 상자 안에는 특정 브롤러 전용 파워 포인트 팩이 무작위로 들어 있습니다.

브롤러의 파워 레벨을 계속 올려서 체력이 커지면, 더 많은 공격에도 견딜 수 있어서 전투에서 더 오래 생존할 수 있습니다. 브롤러의 파워 레벨을 높이면 전투 중에 적에게 피해를 줄 수 있는 일반 공격 및 특수 공격력이 향상됩니다.

브롤러 소개

일반 공격

각 브롤러는 적에게 피해를 줄 수 있는 다양한 공격 능력이 있습니다. 공격 미터가 장전되면 발사 버튼을 누를 수 있습니다. 이후 다시 공격하려면 재장전해야 합니다. 발사 버튼을 빠르게 눌러서 연달아 공격할 수 있습니다. 하지만 발사 버튼을 한 번만 누르고, 목표물이 사정거리에 정확히 들어와 추가 발사를 할 때까지 기다리는 편이 훨씬 더 좋습니다.

브롤러의 공격 미터가 완전히 비어 버리면, 몇 초간 기다려서 재장전해야 합니다. 그렇게 최소한 한 발이라도 채워야 다시 공격할 수 있습니다. 그 동안에 브롤러는 적의 공격에 노출되므로, 적과의 대결을 피해서 숨거나 후퇴하는 것이 좋습니다.

브롤러의 파워 레벨에 따라, 한 번의 공격으로 입히는 피해량이 달라지는 것처럼 재장전하는 시간도 달라집니다. 브롤러의 파워 레벨이 높아질수록, 한 번에 입힐 수 있는 피해량이 커집니다.

수동 조준 기능을 사용하면, 적을 향해 정확하게 공격을 가할 수 있지만 조준하기까지 시간이 좀 걸립니다. 여기에서 리코는 수동 조준 기능을 이용해 일반 공격으로 적을 조준하고 있습니다.

특수 공격

각 브롤러는 고유의 특수 능력이 있습니다. 특수 능력은 브롤러에 따라서 근거리, 중거리, 발사체, 장거리 무기 또는 근거리 전투 동작일 수 있습니다. 또는 치유하는 힐링 도구나 일시적으로 전장에서 훨씬 빠르게 돌아다니는 능력이기도 합니다.

특수 공격마다 재충전하는 데 걸리는 시간이 다르지만, 브롤러의 공격으로 더 많은 적을 명중시키거나 적중률이 높아질수록, 더 빠르게 재충전됩니다. 피해를 주는 능력에 관해 말하자면, 브롤러의 파워 레벨이 높을수록, 특수 공격으로 입힐 수 있는 피해량이 더 커집니다.

가능하다면 브롤러의 특수 공격이 완전히 충전될 때까지 기다리세요. 그다음에, 전장에서 적당한 곳에 브롤러를 배치한 후 특수 공격의 용도에 따라서 한 번에 여러 브롤러에게 피해를 입히거나 회복시키는 쪽으로 특수 공격을 사용하세요. 완벽한 위치 선정과 타이밍은 브롤러의 특수 공격을 최대한 활용하는 데 매우 중요합니다.

조준 없이 발사 버튼을 그냥 누를 경우, 여러분의 브롤러와 가장 가까운 위치에 있는 적을 향해 자동으로 발사됩니다. JasonRich7이 조종하는 벼락부자 리코를 확인해 보세요. 자동 조준 기능은 화면 위쪽 중앙에 있는 적을 공격하는 데 사용되고 있습니다.

스타 파워

브롤러가 파워 레벨 9로 업그레이드되면, 최강 전투 능력인 스타 파워를 잠금 해제할 수 있습니다. 예를 들어, 쉘리의 스타 파워는 '쉘 쇼크'입니다. 쉘리가 파워 레벨 9에 도달하면 스타 파워를 잠금 해제할 수 있고 브롤 상자, 대형 상자, 메가 상자를 한 번 이용할 수 있습니다. 니타도 파워 레벨 9에 도달하면 '곰과 나'란 스타 파워를 잠금 해제해서 사용할 수 있습니다.

슈퍼셀은 이 책에 나열된 각 브롤러의 스타 파워 외에도 게임에 추가할 새로운 스타 파워를 2019년 여름에 연이어 발표했습니다. 브롤러는 두 개의 스타 파워를 잠금 해제할 수 있습니다. 브롤러는 스타 파워 두 가지를 한번에 사용할 수 없습니다. 따라서 스타 파워를 적용하고 싶을 때는 전투의 목적에 맞는 것으로 하나 선택하는 것이 좋습니다.

이번 편에서는 브롤러가 보유한 일반 및 특수 공격과 스타 파워 능력에 관해 자세히 알아보려 합니다.

일반 및 특수 공격과 스타 파워가 발생시킬 수 있는 초당 피해량(DPS)은 조종하는 브롤러, 적중률, 현재 브롤러의 파워 레벨 등 여러 요인에 따라서 달라집니다. 브롤러의 파워 레벨이 높을수록, 공격으로 입힐 수 있는 초당 피해량이 더 커집니다. 브롤러의 프로필 화면에서 일반 공격이나 특수 공격과 관련된 정보("i") 아이콘을 누르면, 브롤러의 현재 스타 파워 레벨에 따라서 피해량이 어느 정도인지 알 수 있습니다.

브롤러 업그레이드하는 법

브롤러의 파워 레벨을 올리면, 일반 및 특수 공격력이 쭉 올라가면서 체력도 커집니다. 브롤러의 파워 레벨은 파워 포인트를 모으면 업그레이드됩니다. 브롤러를 업그레이드하려면, 정해진 개수의 파워 포인트를 얻은 다음에 정해진 코인만큼 지불해야 합니다.

전투하면서 충분한 파워 포인트와 코인을 얻었다면, 가능한 빨리 브롤러의 파워 레벨을 업그레이드하세요. 만약 브롤러의 모든 능력이 최고 레벨일 때를 경험하고 싶으면, 브롤러로 친선 게임에 참가해 보세요.

브롤러 소개

일일 상품

브롤러의 업그레이드는 상점에서 파워 포인트 팩(브롤러 전용 팩은 보석이나 코인으로 구매할 수도 있음.)을 획득하거나 대형 상자, 브롤 상자, 메가 상자를 구매 또는 획득하면 시간이 별로 걸리지 않습니다. 위의 화면을 보면, 상점에서는 일일 상품으로 각기 다른 브롤러를 위한 파워 포인트 팩을 제공했습니다.

쉘리로 전투에 참가해서 여러 번 승리한 후에 트로피 진척도를 따라 나아가다 보면, 트로피 10개를 얻으면 니타를 잠금 해제하고, 트로피 60개를 얻으면 콜트를, 트로피 250개를 얻으면 불을, 트로피 500개를 얻으면 제시를, 트로피 1000개를 얻으면 브록을, 트로피 2000개를 얻으면 다이너마이크를, 트로피 3000개를 얻으면 보를, 트로피 4000개를 얻으면 틱을 잠금 해제할 수 있습니다. 위의 트로피 진척도에서 트로피 250개 이상을 모아 불이 잠금 해제되었습니다.

메가 상자를 구매해서 열자, 그 안에 각기 다른 브롤러를 위한 네 개의 파워 포인트 팩이 있었습니다.

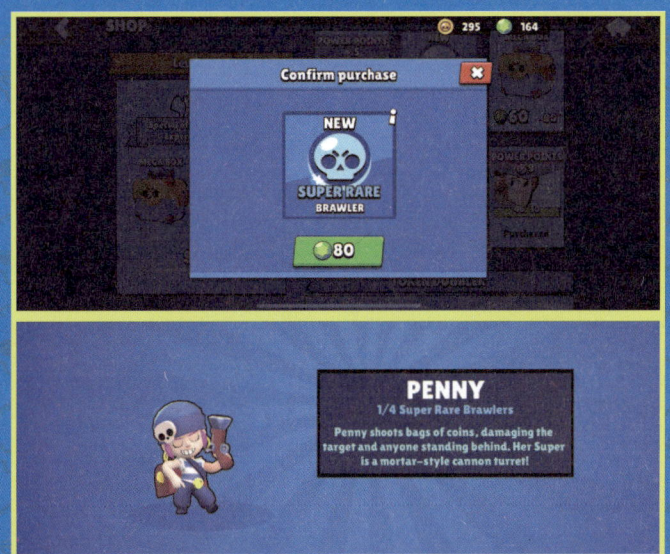

브롤러의 종류

시간을 들여서 여러 종류의 브롤러를 익혀보세요. **브롤스타즈**를 시작하면, 가장 먼저 쉘리가 잠금 해제됩니다. 이 책에서는 알파벳 순서로 브롤러를 소개할 것입니다.

트로피 진척도에서 트로피를 모아 잠금 해제할 수 있는 브롤러 외에, 어떤 브롤러는 브롤 상자나 대형 상자 또는 메가 상자를 획득해서 열거나 상점에서 제공하는 수수께끼 브롤러를 구매해서 잠금 해제함으로써 무작위로 얻을 수 있습니다. 위의 경우, 초희귀 브롤러인 페니가 상점에서 보석 80개로 판매된 수수께끼 브롤러였습니다.

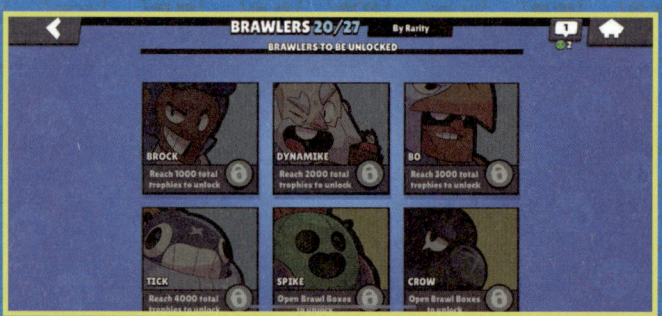

브롤러를 잠금 해제하기 전에 체험해 보려면, 브롤러 화면에서 아직 열리지 않은 브롤러 하나를 선택하세요. 선택한 브롤러의 프로필 화면에서 체험 버튼을 누르면 됩니다.

발리(Barly)

주요 특징	로봇 브롤러인 발리는 독이 든 병을 들고 다니며, 적에게 던져서 무력화시킵니다. 주변에 있는 적에게 여러 개의 병을 마구 던지면 훨씬 더 많은 피해를 줄 수 있습니다.
희귀도	희귀
브롤러 유형	스로어

방금 발리가 잠금 해제되었습니다. 상점에서 희귀 브롤러를 상품으로 제공했습니다. 이 브롤러를 잠금 해제하는 데는 보석 30개가 필요합니다.

그러면 선택한 브롤러를 체험해 보는 훈련 지역으로 이동합니다. 훈련 지역에서 게임하는 동안에는 어떤 트로피나 보상도 받지 못하지만 선택한 브롤러의 전투 스킬을 익힐 수 있습니다. 위의 화면에서는 스파이크가 스틱 어라운드라는 특수 공격을 사용해서 화면 위쪽 중앙에 있는 적군 로봇을 공격하고 있습니다.

브롤러 소개

예를 들어, 파워 레벨 5에서 발리의 체력은 HP 2880이 최대치입니다. 일반 공격과 특수 공격은 초당 피해량이 816으로 증가합니다. 발리는 파워 포인트를 10 이상 획득해야 파워 레벨 6으로 업그레이드할 수 있습니다. 필요한 파워 포인트를 다 모으면, 코인 290개를 지불해야 업그레이드할 수 있습니다.

	이름	특징
일반 공격	병 투척	발리가 던진 병이 바닥에 떨어져 깨지면서 유독 물질이 튀어 올라 그곳에 있는 적에게 피해를 입힙니다. 적이 쏟아진 내용물에 오래 서 있을수록, 더 많은 피해를 입습니다.
특수 공격	라스트 콜	라스트 콜은 유독 물질이 들어 있는 병 여러 개를 동시에 적에게 던지는 것입니다. 병을 던져 넓은 지역을 불바다로 만듭니다. 일반 공격에 비해 쏟아진 내용물의 크기(지름)가 커서 넓은 지역을 덮을 수 있습니다. 그러면 이 지역에 서 있는 다수의 적에게 훨씬 큰 피해를 줄 수 있습니다.
스타 파워#1	메디컬 알코올	스타 파워가 활성화되면, 발리가 공격을 개시할 때마다 체력도 400HP가 회복됩니다.
스타 파워#2	유독성 알코올	일반 공격의 초당 피해량이 140 증가합니다.

발리는 여러 종류의 스킨을 선택할 수 있습니다. 여기에 있는 골든 발리(가격: 보석 30개)는 격식 있는 정장 차림의 스킨입니다.

위의 화면은 마법사 발리의 모습입니다. 보이는 것처럼 발리가 이 옷을 입으면 마법사처럼 보입니다. **브롤스타즈** 계정으로 슈퍼셀 ID 기능에 연결하면 무료로 이 스킨을 받을 수 있습니다.

미스 파이 발리 스킨은 금발의 가발을 쓰고 화려한 분홍 원피스를 입는 것입니다. 이 스킨을 사용하면 독이 든 병이 파이로 바뀝니다.

메이플 발리는 발리가 메이플 시럽을 만드는 사람처럼 보이게 합니다. 발리는 메이플 시럽처럼 보이는 독이 든 병을 들고 있습니다. 이 스킨은 상점에서 구입할 수 있습니다. 게임 초기에는 보석으로 스킨을 구입했지만, 스타 포인트가 도입된 후 스타 포인트를 사용해 일부 스킨을 획득할 수 있습니다.

발리의 특수 공격인 라스트 콜로 현재 적이 서 있는 곳을 직접 공격하기보다 이동할 위치를 예측해서 공격해 보세요. 독이 든 병을 던져 지역을 봉쇄하고 유독 물질로 적을 몰아 피해를 주도록 하세요.

비비(Bibi)

주요 특징	풍선껌을 왕창 씹으면서 강력한 방망이를 휘두르는 비비는 특히 근거리 전투에 뛰어난 브롤러입니다.
희귀도	영웅
브롤러 유형	4번 타자

브롤러 소개

비비는 근거리 공격 브롤러라서, 전투 중 전장에서 살아남으려면 자신을 공격하는 장거리 발사 무기보다 훨씬 뛰어난 스킬을 가져야 합니다. 싸울 때 숨어 있다가 적이 가까이 접근하면 뛰어들어서 공격하는 쪽이 좋습니다. 공격에 성공하려면, 먼저 적에게 가까이 접근하되 노출되지 않는 것이 중요합니다.

	이름	특징
일반 공격	삼진 아웃	비비의 주무기는 야구 방망이입니다. 비비는 세 번의 공격이 모두 차면 완전히 충전된 방망이를 휘둘러 홈런을 쳐서 가까이 있는 적에게 일격을 가할 수 있습니다. 이때 적에게 피해를 입힐 뿐만 아니라 뒤로 넘어뜨립니다.
특수 공격	스핏볼	비비는 씹던 풍선껌을 공처럼 야구 방망이로 때립니다. 풍선껌이 날아가서 벽에 튕기고 적을 관통합니다. 동일한 목표물을 여러 번 가격할 수 있습니다.
스타 파워#1	홈런	파워 레벨 9에 도달해서 활성화되면, 비비가 홈런을 칠 때마다 이동 속도가 12% 증가합니다. 그러면 공격할 때 적을 추격하거나 공격 후에 재빨리 후퇴할 수 있습니다.
스타 파워#2	타격 자세	마찬가지로 파워 레벨 9에 도달해서 잠금 해제하면, 비비의 홈런 게이지가 가득 찬 상태에서 공격을 받을 때, 받는 모든 피해가 30% 감소합니다.

보(Bo)

주요 특징	보는 크고 근육질 체형을 가지고 있습니다. 독수리 모자를 쓰고서 매섭게 노려보고 있습니다. 또한 아주 뛰어난 궁수입니다.
희귀도	트로피 3000개를 모아 트로피 진척도에서 보를 잠금 해제하세요.
브롤러 유형	보는 장거리 전투에 유리한 파이터입니다. 활을 조준하면, 화살 폭탄이 어디까지 날아가며 적중률을 유지하는지 알 수 있습니다.

전투에서 어떤 브롤러를 조종하든지 간에, 체력을 확인하면서 언제 전투에서 물러나고 숨어야 하는지를 알아야 합니다. 브롤러의 체력과 공격 능력이 완전히 충전되었을 때 전투에 참여하도록 하세요. 브롤러가 일반 공격으로 더 많이 명중시킬 때마다, 특수 공격이 더 빨리 충전됩니다. 특수 공격을 사용할 수 있으면, 그 즉시 전장에서 적을 공격할 수 있는 최적의 위치를 찾으세요. 특수 공격을 더 효과적으로 사용할 수 있습니다. 여기에서는 JasonRich7이 비비를 조종하고 있습니다. 비비는 전장 왼쪽에 있는 덤불에 숨어서 체력과 공격을 보충하고 있습니다.

보는 근거리 파이터 브롤러의 접근을 피하면서 멀리 떨어져 있는 적에게 화살을 집중적으로 겨냥할 때 가장 효과적입니다. 적이 움직이면, 이동 방향과 갑작스런 방향 전환을 예측해서 조준한 다음에 다가오는 적에게 화살을 쏴야 합니다.

브롤러 소개

	이름	특징
일반 공격	독수리 화살	조준 방향으로 폭발하는 화살 세 발을 쏩니다. 화살은 각각 목표물에게 피해를 입힐 수 있습니다. 공격을 재장전하기 전에 세 번 연속으로 발사하면, 총 9발의 화살이 빠르게 발사되어 적에게 큰 피해를 줄 수 있습니다.
특수 공격	여우 사냥	보는 지면에 덫을 설치할 수 있습니다. 적이 밟아 덫이 폭발하면 뒤로 밀쳐지고 피해를 입습니다. 덫을 설치하는 데 몇 초밖에 안 걸리며 적에게 상당한 피해를 줄 수 있습니다.
스타 파워#1	독수리의 눈	파워 레벨 9에 도달해서 스타 파워를 잠금 해제하면, 평소보다 150% 더 먼 거리에서 덤불 속에 숨은 적을 찾을 수 있습니다.
스타 파워#2	곰 사냥	파워 레벨 9에 도달해서 스타 파워를 잠금 해제하면, 여우 사냥 공격 시 덫이 적을 뒤로 밀쳐내는 대신 2초간 적을 마비시킵니다.

보가 독수리 화살로 공격하면, 화살이 공중에 쫙 퍼져서 한 번에 여러 목표물을 맞힐 수 있습니다. 하지만 각각의 화살 한 발이 가진 피해량은 세 발로 같은 목표물을 한 번에 쏘는 것보다 적습니다.

브록(Brock)

주요 특징	로켓포를 장착한 도시형 전사인 브록은 전투에 참여할 때 두려움이 전혀 없습니다. 장거리 폭발 로켓을 마구 퍼부어서 적을 명중시키며 엄청난 피해를 입힙니다. 또한 적이 공격을 피해 숨어 있는 벽과 단단한 물체를 파괴할 수 있습니다.
희귀도	트로피 1000개를 모아 트로피 진척도에서 브록을 잠금 해제하세요.
브롤러 유형	저격수

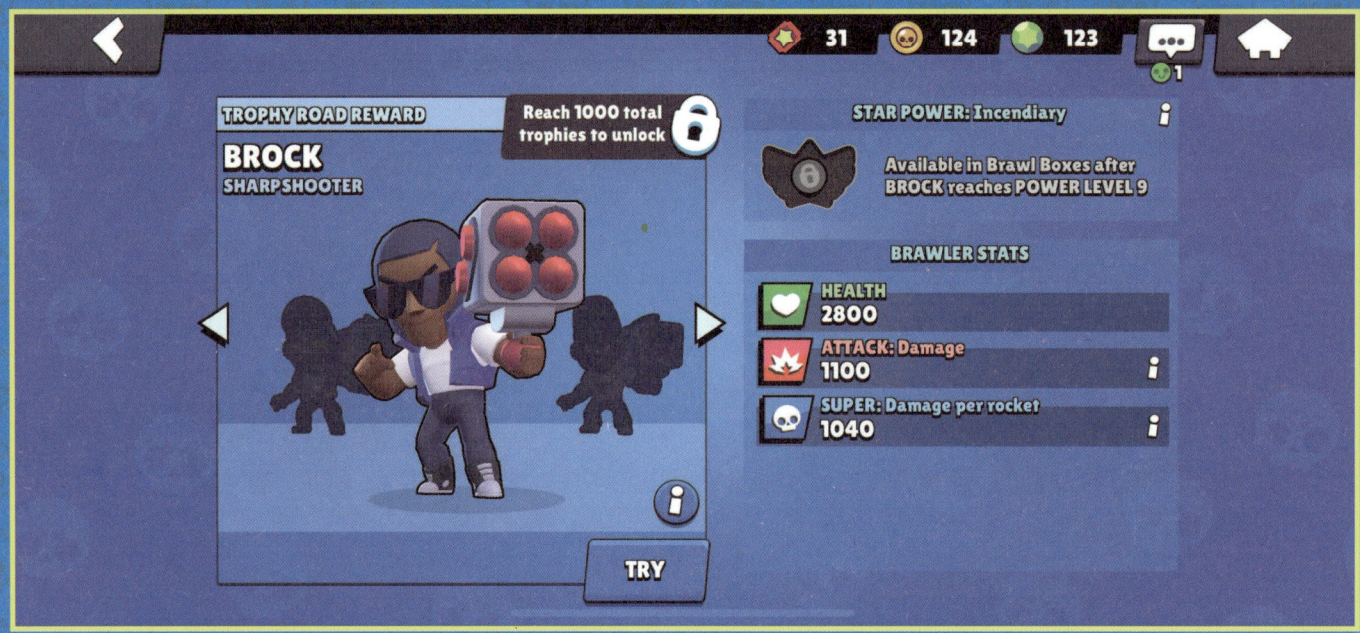

브록은 장거리 전투에 뛰어난 다른 브롤러처럼 근거리 전투력을 지닌 적이 가까이 접근하면 불리합니다. 당장 거리를 벌려 공격할 수 없다면 도망치면서 적과 어느 정도 거리를 둔 다음에 공격하는 편이 좋습니다.

	이름	특징
일반 공격	락 앤 로켓	브록이 로켓포에서 방아쇠를 잡아당길 때마다, 로켓이 발사됩니다. 로켓은 목표물을 향해 빠르게 날아갑니다. 이 무기는 먼 거리에서 사용하는 편이 가장 좋습니다.
특수 공격	로켓 레인	목표물을 향해 한 번에 여러 발의 로켓을 발사해서, 적에게 엄청난 피해를 주거나 지형물을 파괴할 수 있습니다. 다른 특수 공격처럼, 자동 조준 기능이 아니라 수동으로 로켓 레인을 조준하면 적중률이 더 좋아집니다.
스타 파워#1	네이팜 로켓	파워 레벨 9에 도달해 스타 파워를 잠금 해제하면, 브록이 로켓포를 발사할 때마다 로켓이 떨어진 주변이 불바다가 됩니다. 적들이 불길에 휩싸이면 초당 600HP의 피해를 주며 2초간 지속됩니다.
스타 파워#2	로켓 4호기	로켓 발사기에 네 번째 탄을 장착해 탄환 용량을 증가시킬 수 있습니다. 원래는 보온병을 넣고 다녔다고 합니다.

브롤러 소개

브록은 모든 브롤러와 마찬가지로 다양한 종류의 스킨을 구매하거나 잠금 해제할 수 있습니다. 도시 파이터인 브록이 비치 브록 의상을 선택하면 청바지, 티셔츠, 조끼, 선글라스 차림에서 좀 더 캐주얼한 바닷가 의상으로 바뀝니다. 붐 박스 브록 의상을 입으면, 로켓포가 붐 박스로 바뀝니다.

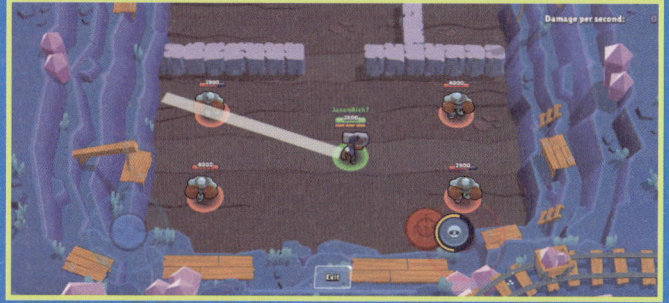

브록의 락 앤 로켓은 (위의 화면처럼) 수동으로 조준하거나 자동 조준 기능을 이용할 수 있으며, 자동 조준 시 가장 가까운 적이나 물체를 겨냥합니다.

불(Bull)

주요 특징	부풀린 머리와 우람한 근육을 지닌 불은 전투에서 무시무시합니다. 적이 가까이 오면 산탄총을 쏴서 심각한 피해를 줍니다.
희귀도	트로피 250개를 모아 트로피 진척도에서 불을 잠금 해제하세요.
브롤러 유형	헤비웨이트

위의 화면은 브록이 특수 공격인 로켓 레인을 훈련 지역에서 로봇 적군에게 발사할 때의 모습입니다.

권총이나 산탄총 무기를 소지한 브롤러는 공격 능력을 쓸 때 대부분 멀리서 더 잘 싸웁니다. 하지만 불은 그렇지 않습니다. 불은 근거리에서 산탄총을 쏠 때 더 많은 피해를 주므로, 이에 맞는 공격 계획을 세워야 합니다.

	이름	특징
일반 공격	더블 배럴	더블 배럴을 잘 활용하려면 적에게 아주 가까이 접근해야 합니다.
특수 공격	불도저	불은 화가 나면 머리를 낮추고 사나운 황소처럼 무섭게 적에게 돌진합니다. 불도저 동작은 적에게 피해를 주면서 전장에 있는 지형물과 장애물을 때려 부술 수 있습니다.
스타 파워#1	버서커	불의 체력이 40% 아래로 떨어질 때마다 재장전 속도가 두 배 빨라집니다.
스타 파워#2	터프가이	불의 체력이 40% 아래로 떨어지면 실드를 얻어 입는 피해량을 30% 감소시킬 수 있습니다.

불은 스킨 종류가 몇 안 되는데, 그 중에는 미식축구 쿼터백처럼 입는 터치다운 불이 있습니다. 이 스킨을 잠금 해제하려면 보석 80개가 필요합니다.

불은 근거리 공격에 유리합니다. 따라서 장거리 무기를 지닌 적에게 접근할 때 전략을 잘 짜야 합니다. 덤불에 거의 보이지 않게 숨어 있다가 적이 다가올 때 공격할 수 있습니다. 적에게 다가가려고 체력을 소모하지 마세요. 이 방법은 좋지 않습니다. 적이 여러 공격을 퍼부으면, 불이 가까이 접근하기도 전에 체력이 소모될 수 있습니다.

바이킹 불 스킨은 금발의 바이킹으로 위장할 수 있습니다. 몇몇 스킨은 보석이 아니라 스타 포인트를 획득해서 구매할 수 있다는 점을 꼭 기억해 두세요.

위의 그림에서 불은 화면 중앙에서 적에게 더블 배럴 공격을 쏘고 있습니다. 공중을 날아오르는 파란색 총알을 보세요. 더블 배럴은 총알이 발사되면서 퍼지므로, 총알이 멀리 날아갈수록 더 넓게 퍼집니다.

브롤러 소개

불의 특수 공격인 불도저는 훨씬 범위가 넓습니다. 위의 그림처럼 구체적으로 정해진 목표물을 공격할 때 수동 조준 기능을 사용합니다.

칼을 조종하는 요령은 카트를 어떻게 조종하는지 파악하는 것입니다. 돌아다니고, 급히 돌고, 공격할 때 회전하고, 적에게 돌진하는 연습을 해 보세요. 훈련 지역은 칼이 전장에서 카트를 조종하면서 무기 다루는 연습을 하기에 좋은 곳입니다.

칼(Carl)

주요 특징	칼은 곡괭이를 부메랑처럼 던지는 탄광 로봇입니다. 전장에서 작은 탄광 카트를 타고 돌아다니다가 누구든지 방해하면 곡괭이로 적을 공격합니다.
희귀도	초희귀
브롤러 유형	파이터

	이름	특징
일반 공격	곡괭이	칼은 적에게 곡괭이를 던집니다. 곡괭이는 공중으로 날아가서 적을 맞힌 후에, 칼의 손으로 되돌아와 다시 던질 수 있습니다. 알다시피, 곡괭이로 적을 맞힐 때마다 피해를 줍니다. 이 공격은 장거리 공격에 가깝습니다.
특수 공격	회전 카트	회전 카트는 칼이 몇 초간 카트를 회전시켜서 부딪친 적에게 피해를 입히는 근거리 공격입니다. 칼은 근거리나 장거리에서 모두 유리한 몇 안 되는 브롤러입니다.
스타 파워#1	스피디 스로우	파워 레벨 9에 도달하면, 칼은 곡괭이를 13% 더 빠르게 던지고 돌아오게 할 수 있습니다. 즉, 시간을 덜 들이고 목표한 적에게 더 많은 피해를 입힐 수 있습니다.
스타 파워#2	보호 피루엣	두 번째 스타 파워를 잠금 해제한 다음 사용하면, 칼이 회전 카트로 공격하는 동안에 적의 공격으로부터 받는 피해를 40% 줄일 수 있습니다.

칼은 로드 레이지 칼이란 스킨을 사용할 수 있습니다. 그러면 카트가 소형 경주용차로 바뀌고 곡괭이 대신에 렌치를 던질 수 있습니다. 보석 80개로 이 스킨을 잠금 해제할 수 있습니다.

칼은 화면 오른쪽 아래에 있는 적을 향해 곡괭이를 던졌습니다. 곡괭이는 목표물(이 경우에는 상대 팀 게이머가 조종하는 다른 칼 브롤러)을 맞힌 후에, 저절로 던진 이에게 돌아옵니다.

브롤러를 조종할 때 여유가 있으면 수동으로 적을 겨냥하세요. 여기서는 흰색 선이 곡괭이 공격의 사정거리를 보여 줍니다. 곡괭이를 던지면 화면 중앙 아래쪽으로 날아가는데, 거기에 목표물인 적이 있습니다. 적이 벽 뒤에 숨어 있더라도 수동으로 조준하면 (목표물이 재빨리 움직이지 않는 한) 거의 100% 명중합니다.

콜트(Colt)

주요 특징	양손에 리볼버를 든 콜트는 자신이 멋진 카우보이라고 생각합니다. 주특기가 백발백중인 명사수라서, 멀리서 적을 공격할 때 유리합니다.
희귀도	트로피 60개를 모아 트로피 진척도에서 콜트를 잠금 해제하세요.
브롤러 유형	저격수

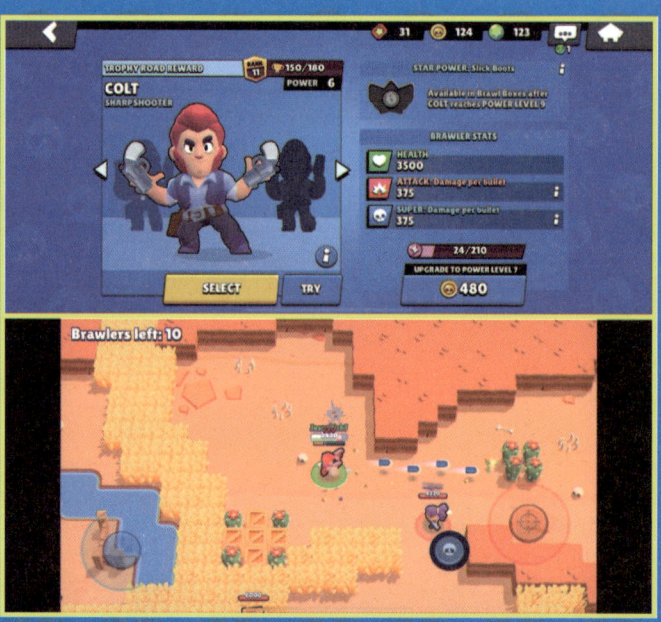

콜트는 6연발 리볼버를 일직선으로만 쏠 수 있습니다. 탄약이 장애물에 튕겨 나오지 않으므로 총구를 잘 조준해서 탄약을 낭비하지 않는 것이 중요합니다. 다시 장전하기 전까지 딱 세 번만 쏠 수 있습니다.

브롤러 소개

	이름	특징
일반 공격	6연발 리볼버	콜트가 이 공격을 사용할 때마다 리볼버에서 6발의 총알이 동시에 발사됩니다. 움직이면서 쏘면, 총알이 퍼져서 공격 범위가 더 커집니다. 멈춰서 쏘면, 6발이 전부 하나의 주 목표물에 집중적으로 퍼붓습니다.
특수 공격	불렛 스톰	콜트는 불렛 스톰을 쓰면 적에게 총알을 빗발치듯이 퍼부어서 훨씬 큰 피해를 줄 수 있습니다. 또한 이 공격으로 적이 숨어 있는 벽이나 장애물을 파괴하거나 부술 수 있습니다.
스타 파워#1	스피드 부츠	파워 레벨 9에 도달해서 스피드 부츠를 잠금 해제하면, 콜트가 멋진 새 부츠를 신으면서 이동 속도가 10% 증가합니다.
스타 파워#2	매그넘 스페셜	두 번째 스타 파워도 파워 레벨 9에 도달해서 잠금 해제된 후에 쓸 수 있습니다. 그렇게 되면 콜트의 일반 공격 사거리와 탄환 속도가 11% 증가합니다.

검은 머리와 구레나룻에 트레이드마크인 하얀 점프 슈트를 입은 전설의 팝스타 엘비스처럼 보이는 록스타 콜트 스킨을 보석 30개에 구매할 수 있습니다. 스킨을 사용해도 콜트는 여전히 양손에 리볼버를 들고 있을 테니, 걱정 마세요.

6연발 리볼버로 적을 맞힐 때, 총알이 목표물에 도달할 때까지 예측한 적의 위치를 겨냥하세요. 적이 앞뒤로 움직이면 쉽지만 좌우로 움직이면 맞히기가 어렵습니다. 적의 움직임을 추적해서 예측한 후, 정확한 타이밍에 콜트의 총알로 목표물을 맞히세요. 당연히 6연발 리볼버를 수동으로 조준하는 편이 명중률이 높지만, 자동 조준 기능보다 시간이 더 걸립니다.

티켓 이벤트 전투에서 JasonRich7이 조종하는 콜트는 다섯 명의 상대 팀 브롤러가 무찔러야 하는 빅 브롤러입니다. 여기서 가장 큰 실수는 콜트가 화면 왼쪽 아래에서 꼼짝하지 못하므로, 여러 적이 한꺼번에 공격하면 피할 방도가 거의 없다는 겁니다. 그렇게 되면 콜트는 체력을 많이 소모하게 됩니다. 주변 환경을 잘 살피고, 움직일 공간이 거의 없는 곳에 갇혀 있지 마세요. 공격하는 적을 향해 곧바로 돌진하겠다는 생각은 별로 좋지 않습니다.

크로우(Crow)

주요 특징	어떤 새들은 날 수 있지만, 크로우는 걸어 다니며 전장에서 싸웁니다. 필요시, 공중으로 높이 점프할 수 있어도 날지는 못합니다.
희귀도	전설: 크로우는 브롤 상자나 대형 상자 또는 메가 상자에서 나오는데 아주 드문 편입니다. 상자를 더 많이 열어볼수록. 크로우가 나올 확률은 커집니다.
브롤러 유형	맹독 어쌔신

다른 게이머와 함께 팀을 짜는 이벤트에 참가하면 랜덤으로 만난 사람들과 함께 대결을 펼치게 됩니다. 이 경우 전투에서 이기게 된다면 같이 참가했던 게이머들과 함께 다음 전투에도 참가하는 편이 좋습니다. 같은 파트너나 팀원과 함께 '다시 플레이'하는 옵션이 있습니다. 전투가 끝난 후 몇 초 안에 다시 플레이 옵션을 선택하세요. 새로운 동료와 함께 싸우려면 '나가기' 버튼을 누른 후 '플레이' 버튼을 누르세요.

크로우는 버드맨입니다. 머리는 새, 몸은 휴머노이드처럼 생겼습니다. '공중 단검 투척'이란 특수 공격을 수동 조준 기능으로 사용하면, 크로우가 적의 머리 위에 바로 착지해서 엄청난 피해를 줄 수 있습니다.

브롤러 소개

	이름	특징
일반 공격	독 단검	버드맨인 크로우는 멀리 있는 적에게 독이 묻은 단검 세 개를 한꺼번에 던질 수 있습니다. 단검을 맞은 적은 일정 시간 동안 피해를 입습니다.
특수 공격	공중 단검 투척	크로우는 공중 단검 투척으로 공격할 경우에 하늘로 날아올라 적에게 독이 묻은 여러 개의 단검을 던집니다. 크로우는 점프할 때 단검을 던지고서 착지할 때 또 던져서, 몇 초 만에 목표물에게 두 배의 피해를 줄 수 있습니다.
스타 파워#1	맹독	크로우가 파워 레벨 9에 도달해서 스타 파워를 잠금 해제하자마자, 단검으로 적을 맞히면 그때마다 적의 반격 능력이 독의 효력이 떨어질 때까지 20% 감소됩니다.
스타 파워#2	약한 먹잇감	이름처럼 적의 HP가 50% 이하일 때, 일반 및 특수 공격으로 적을 맞히면 120 추가 피해를 줍니다.

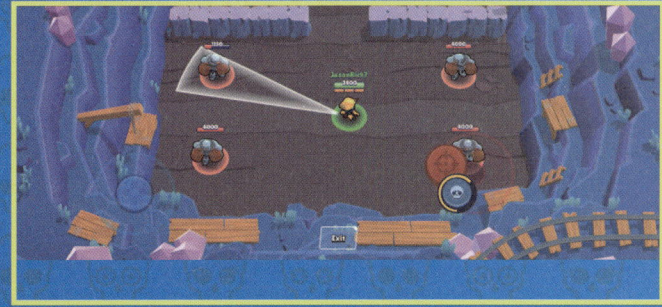

크로우가 독 단검으로 공격하면, 세 개의 단검이 공중에서 날아가면서 퍼집니다. 위의 그림에서 독 단검으로 공격할 때 수동으로 조준했습니다. 깔때기 모양의 흰색 표적 장치를 보세요. 깔때기의 맨 끝은 단검이 도달할 수 있는 거리와 흩뿌려지는 범위를 보여 줍니다.

크로우는 피닉스 크로우와 화이트 크로우란 두 가지 스킨 옵션을 사용할 수 있습니다.

세 개의 단검이 가까운 목표물을 전부 맞히면서 피해를 입힙니다. 하지만 단검은 주위로 더 많이 퍼질수록, 모든 단검이 목표물에 명중할 정확도가 떨어집니다. 위의 화면에서 세 개의 단검이 화면 오른쪽에 있는 목표물을 향해 날아가고 있습니다.

크로우의 특수 공격인 공중 단검 투척이 완전히 충전되면, 수동으로 조준해서 특정 적을 겨냥하세요. 아치 모양의 표적 장치를 잘 보세요. 이는 크로우가 높이 뛰어올라 목표물을 향해 날아가게 한 다음 정확한 조준과 완벽한 타이밍으로 목표물을 쓰러트릴 수 있게 합니다.

크로우가 공중에 떠 있는 상태에서 공중 단검 투척이 활성화되었습니다. 크로우는 적의 머리 위(화면 왼쪽 아래)로 착지하려고 합니다.

크로우는 장거리 전투에 유리합니다. '맹독' 공격은 아군들과 함께 있을 때 사용하는 것이 가장 좋습니다. 처음에 멀리서 적에게 피해를 입힌 후에, 적이 중독되면 아군에게 적을 공격해서 전투를 끝내자고 해 보세요.

대릴(Darryl)

주요 특징	나무통이 전투 로봇으로 바뀌면 어떨까 궁금했다면, 대릴을 보면 됩니다. 대릴은 해적 모자를 쓴 채 양손에 이중총열 산탄총을 들고 있습니다.
희귀도	초희귀
브롤러 유형	헤비웨이트

위의 화면은 대릴이 기본 스킨일 때의 모습입니다. 여기서 대릴은 파워 레벨 4로 업그레이드되었어도 아직 랭크 1에 머물러 있습니다.

브롤러 소개

	이름	특징
일반 공격	더블 듀스	대릴이 방아쇠를 당길 때마다 산탄총에서 총알이 발사됩니다. 대릴이 적에게 가까이 다가갈수록, 더 많은 피해를 입힙니다.
특수 공격	롤링 배럴	대릴은 머리와 팔을 나무통에 밀어 넣고 적을 향해 굴러갑니다. 대릴이 벽에 튕겨 나오며 데굴데굴 굴러갈 때 공격받은 적은 뒤로 밀려납니다.
스타 파워#1	강철 후프	강철 후프를 사용하면, 나무통이 더 강해져서 2.5초간 방어 능력이 30% 더 증가합니다.
스타 파워#2	롤링 리로드	특수 공격을 사용할 때 5초 동안 재장전 속도가 두 배 증가합니다.

대릴의 더블 듀스 공격은 대체로 다른 브롤러의 일반 공격보다 재장전에 더 오래 걸리므로 그에 따라 계획을 세우고 잘 써야 합니다.

더블 듀스는 인접한 한 명의 적과 맞설 때 공격 효과가 좋습니다. 대릴은 특수 공격이 활성화된 후 적에게 데굴데굴 굴러갈 수 있습니다. 적이 일반 공격이나 특수 공격을 다 써서 재충전을 할 때까지 기다렸다가, 롤링 배럴을 쓰면 유리합니다.

어떤 브롤러로 싸우든지 간에, 시간을 쏟아서 파워 레벨 9 이상에 도달하세요. 그러면 스타 파워가 활성화됩니다. 새로 얻은 힘으로 연습하면서 전투에서 언제 어떻게 활용해야 가장 유리한지 찾아보세요.

대릴은 가까이서 더블 듀스로 공격해야 가장 큰 피해를 입힐 수 있습니다. 재빨리 적에게 돌진하는 한 가지 방법으로 롤링 배럴을 써 보세요. 여기서는 더블 듀스가 장전된 후 수동으로 겨냥하고 있습니다.

슈퍼셀은 각 브롤러에 두 개의 스타 파워 능력을 도입했습니다. 그러므로 전투에서 스타 파워를 잠금 해제해서 꼭 활용해 보세요.

다이너마이크(Dynamike)

기본 스킨을 입고 있을 때의 다이너마이크 모습을 확인해 보세요.

주요 특징	다이너마이크는 기본 스킨에서 즐거운 광부처럼 보이지만, 길을 막는 거라면 적과 어떤 물건이든지 날려 버리는 다이너마이트를 양손에 들고 있습니다.
희귀도	트로피 2000개를 모아 트로피 진척도에서 다이너마이크를 잠금 해제하세요.
브롤러 유형	스로어: 다이너마이크는 멀리에서도 다이너마이트를 던질 수 있어서 장거리 전투에 뛰어납니다.

	이름	특징
일반 공격	다이너마이트 투척	다이너마이크는 사정거리가 확보될 때 적에게 두 개의 다이너마이트를 던질 뿐만 아니라 적이 숨어 있을 수 있는 지형물에 다이너마이트를 던질 수 있습니다. 다이너마이트를 던지고 나서 폭발 전까지 시간이 좀 있으니까, 이 점을 잘 이용해서 전략을 세워 보세요.
특수 공격	빅 배럴 붐	다이너마이트가 아닌 빅 배럴 붐을 쓰면, 훨씬 큰 폭발이 발생합니다. 다이너마이크는 빅 배럴 붐으로 적을 공격해서 피해를 줄 뿐만 아니라 장애물도 파괴할 수 있습니다.
스타 파워#1	다이너점프	다이너마이크는 폭발로 인한 파장을 타고 지형물을 뛰어넘을 수 있습니다. 장애물을 훌쩍 뛰어넘을 수 있는데, 굳이 시간 낭비하며 빙 돌아갈 이유가 있을까요?
스타 파워#2	폭파	빅 배럴 붐을 사용할 때 매우 좋습니다. 특수 공격으로 적이 받은 피해량이 1000 증가합니다.

브롤러 소개

다이너마이크의 다이너마이트 투척 공격은 폭발하는 데 시간이 걸립니다. 적이 다이너마이트가 폭발하기 전에 발견하면, 후퇴해서 폭발 지역에서 멀어질 수 있습니다. 이를 방지하는 좋은 방법은 최대한 멀리서 다이너마이트를 던지는 것입니다. 그러면 다이너마이트가 공중에 떠 있을 때 카운트다운이 시작돼서 거의 떨어지자마자 폭발합니다. 위의 화면에서 다이너마이크가 다이너마이트 투척으로 공격하고 있습니다. 오른쪽에 있는 로봇에게 다이너마이트를 던졌습니다.

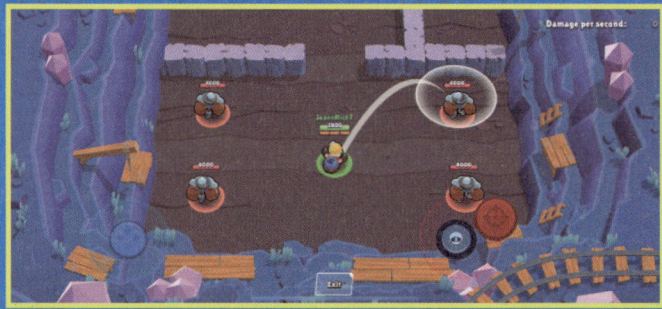

다이너마이트 투척을 수동으로 조준하면 목표물에 적중할 확률이 높아집니다.

다이너마이크는 요리사 옷을 입은 스킨을 선택할 수 있습니다. 요리사 스킨의 다이너마이크는 다이너마이트 대신에 아주 매운 고추를 들고 있습니다. 고추도 던지면 폭발합니다.

엘 프리모(El Primo)

주요 특징	진짜 프로 레슬링 선수가 브롤스타즈에 참가하더라도, 엘 프리모의 적수가 되지 못합니다. 가면을 쓴 엘 프리모는 항상 전장에서 적에게 분노의 주먹을 날리는 근거리 공격 브롤러입니다.
희귀도	희귀
브롤러 유형	헤비웨이트

엘 프리모는 적에게 돌진해서 가까워졌을 때 분노의 주먹을 날려야 효과적입니다. 강력한 장거리 공격을 지닌 브롤러는 엘 프리모의 접근을 눈치채면 거리를 둬서 자신을 방어할 확률이 높습니다. 그러므로 기회를 엿보면서 몰래 적에게 접근하는 것이 좋습니다.

	이름	특징
일반 공격	분노의 주먹	엘 프리모는 커다란 손으로 주먹을 날려서 적에게 고통을 안겨 줍니다.
특수 공격	플라잉 엘보 드롭	레슬링 기술을 쓰는 엘 프리모는 높이 뛰어올라 팔꿈치로 적을 때려 눕히고 지형물도 파괴합니다.
스타 파워#1	엘 푸에고	플라잉 엘보 드롭으로 공격할 때마다 불이 뿜어져 나와 4초 동안 적에게 1200HP 만큼의 피해를 줄 수 있습니다.
스타 파워#2	유성 러시	플라잉 엘보 드롭으로 공격한 후 이동 속도가 4초 동안 25% 빨라집니다.

엘 루도 프리모와 엘 레이 프리모(각각 보석 80개의 비용임.)는 엘 프리모의 두 가지 스킨 옵션입니다. 엘 프리모는 겉모습이 조금 바뀌어도 늘 프로 레슬러의 모습을 유지합니다. 스킨은 오로지 겉모습을 꾸미려고 쓰는 용도이며 전투를 하는 브롤러의 힘이나 능력에는 영향을 주지 않습니다.

위의 화면은 엘 프리모가 솔로 쇼다운에서 수동 조준하고 있는 모습입니다. 분노의 주먹은 범위가 매우 좁다는 점을 알아 두세요.

근거리 전투용 브롤러를 조종할 때 실수 중 하나는 적에게 피해를 줄 정도로 가까이 접근하지 않았는데도 너무 빨리 공격을 시작한다는 겁니다. 여기서 엘 프리모는 분노의 주먹을 쓰기 전에 더 가까이 접근해야 합니다. 그렇지 않으면, 공격해도 소용없습니다.

브롤러 소개

프랭크(Frank)

주요 특징	프랭크는 다른 브롤러와 비교해서 아주 흔한 이름이지만 전투 능력 면에서는 전혀 평범하지 않습니다. 프랭크란 이름은 프랑켄슈타인의 줄임말입니다. 프랭크는 근거리 전투에 뛰어난 우락부락한 브롤러입니다. 프랭크는 왼손에 엄청나게 큰 망치를 들고 다닙니다.
희귀도	영웅
브롤러 유형	헤비웨이트

프랭크가 해머링을 쓸 경우에는 충격파를 충전하는 데 0.5초가 걸린다는 점을 반드시 기억해야 합니다. 충전하는 동안에 프랭크는 가만히 있어야 합니다. 해머링 공격에 성공하려면, 프랭크를 목표물에서 중거리 정도 떨어진 곳에 배치하세요. 프랭크는 무기를 즉시 발사하는 대부분의 브롤러와 다릅니다. 해머링은 연습을 해야만 제대로 사용할 수 있습니다.

	이름	특징
일반 공격	해머링	이 공격은 충전에 시간이 걸리지만 프랭크가 어마어마한 망치를 한 번 휘두르기만 하면 강력한 충격파로 가까운 거리의 적을 완전히 파괴합니다. 해머링 공격을 하려고 적의 머리를 직접 때릴 필요는 없습니다. 망치로 땅을 내리치면 충격파가 생겨서 가까운 곳에 있는 적에게 피해를 줄 수 있습니다.
특수 공격	충격타	강력한 타격으로 충격파를 내보내, 가까운 곳에 있는 적을 일정 시간 동안 기절시킵니다.
스타 파워#1	파워 그랩	프랭크가 적을 무찌를 때마다 그들의 힘을 일부 뺏어올 수 있습니다. 그 결과, 12초 동안 프랭크의 피해량이 50% 증가합니다.
스타 파워#2	스펀지	프랭크가 스펀지를 사용하면 HP를 1100 증가시킬 수 있습니다.

프랭크가 충격타로 적을 일시적으로 기절시킬 때마다, 아군은 기절한 적을 공격할 수 있는 완벽한 타이밍을 얻을 수 있습니다. 충격타의 단점은 충전 시 시간이 오래 걸려서, 목표물로 삼은 적이 그 동안에 공격을 예측하면 후퇴할 수 있다는 겁니다. 따라서 프랭크는 이미 기절한 적에게 해머링을 또 쓰려고 접근할 필요가 없습니다.

프랭크는 젬 그랩 전투에서 보석 15개를 모았습니다. 보석을 잃지 않으려고 전장 끝에 있는 아군 진영으로 돌아가서 벽과 덤불 속에 숨어 있다가, 전투가 끝날 때까지 기다렸더니, 이겼습니다.

프랭크에게 아주 잘 어울리는 스킨은 원시인 프랭크입니다. 프랭크는 머리카락이 보라색인 원시인처럼 보입니다.

프랭크가 해머링 공격을 쓰려고 하면 눈에 띄기 쉽습니다. 왜냐하면 프랭크 머리 위로 커다란 망치를 휘두르는 모습을 볼 수 있기 때문입니다. 해머링은 공격의 활성화와 실제 공격 간의 시간차가 있어서 목표물을 조준할 때 타이밍을 맞추는 일이 중요합니다.

진(Gene)

주요 특징	진은 여러분의 소원을 이뤄줍니다. 즉, 여러분이 진의 적이 아니라면, 전투에서 살아남게 해 줍니다. 예상했듯이, 진은 단거리 및 중거리 전투 스킬을 지닌 마법 요정입니다.
희귀도	신화
브롤러 유형	서포터: 진은 마법으로 싸우면서 아군이 전투에서 더 오래 살아남도록 도와주는 전문 힐러입니다.

진은 상자를 열어서 잠금 해제해야 하는 브롤러입니다. 브롤 상자에서 무작위로 나타납니다.

잠금 해제한 새로운 브롤러나 스타 파워를 연습하는 가장 좋은 방법은 친선 게임에 참가하는 것입니다. 훈련 지역에 들어가면 컴퓨터가 조종하는 적과 싸우게 됩니다. 친선 게임에 참가하면, 다른 게이머를 상대로 전투 기술을 시험해 볼 수 있고 보상으로 트로피나 토큰을 얻거나 잃지 않습니다.

브롤러 소개

	이름	특징
일반 공격	매직 블래스트	진은 램프의 요정 지니처럼 마법 램프를 갖고 다니면서 램프에서 마법 연기 탄환을 발사합니다. 탄환을 맞은 브롤러는 피해를 입지만, 적에게 명중하지 않으면 마법 연기 탄환이 방사형으로 분열되며 피해를 줍니다.
특수 공격	매직 핸드	진은 손이 작지만 마법을 부려 크고 강한 손이 램프에서 나와서 가까운 적을 명중시킵니다. 한 번에 큰 타격을 줄 수 있습니다.
스타 파워#1	매직 오라	진은 파이터이자 전문 힐러입니다. 매직 오라가 발동하면, 근처에 있는 아군은 초당 400HP의 체력을 보충합니다.
스타 파워#2	영혼 따귀	특수 공격이 완전히 충전되면, 일반 공격 시 300의 추가 피해를 줍니다.

근거리와 중거리 공격에 뛰어난 브롤러를 조종할 경우에는, 장거리 공격이 뛰어난 적을 상대할 때 접근하는 모습을 볼 수 있다면, 적에게 몰래 다가가는 것이 요령입니다. 전략을 잘 써서 접근하세요. 예를 들어, 덤불 속이나 장애물 뒤에 숨어서 눈치채지 못하게 접근하세요.

하지만 여러분의 브롤러가 벽 뒤에 숨어 있을 경우에는 탄환을 장착하고 장애물을 통과하는 적을 항상 조심해야 합니다.

전장 주위를 돌아다닐 때에는 장거리 무기를 지닌 적을 향해 일직선으로 가지 마세요. 대신에 적이 예측하지 못하게 이리저리 움직이며 계속 무기를 사용해서 못 맞히게 하세요. 적이 무기를 재장전할 때, 좀 더 가까이 접근할 수 있습니다.

위의 화면에서 진은 매직 블래스트 공격을 수동으로 조준하고 있습니다.

진은 언제든지 매직 핸드를 수동으로 조준할 수 있습니다. 매직 핸드는 일직선으로만 조준됩니다.

위의 화면은 매직 핸드가 화면 왼쪽 아래에 있는 적을 향해 발사되는 모습입니다.

제시(Jessie)

주요 특징	제시는 웃는 얼굴에 빨간 머리를 양쪽으로 길게 묶고 있어서, 상냥하고 순수해 보입니다. 하지만 귀여운 모습에 속지 마세요. 제시는 라이플을 지니고 있으며 총 다루는 데에도 능숙합니다.
희귀도	트로피 500개를 모아 트로피 진척도에서 제시를 잠금 해제하세요.
브롤러 유형	파이터

일반 공격인 쇼크 라이플은 쓸모 있는 무기입니다. 하지만 제시를 조종해서 전투에서 이기고 싶으면 특수 공격인 터렛 설치를 연습해야만, 최대한 많은 적을 공격할 수 있습니다. 터렛이 파괴되기 전에 적에게 상당한 피해를 입히려면, 터렛를 설치하는 장소 선정이 매우 중요합니다.

장거리 전투에 능한 적과 싸울 때 멀리서 오는 공격을 피하려면 벽 뒤에 터렛을 설치하세요. 하지만 근거리 브롤러와 싸울 경우에는 바로 앞에다 터렛을 설치하세요. 위의 화면에서 터렛은 화면 중앙 아래쪽에서 제시 뒤에 설치되어 있습니다.

브롤러 소개

	이름	특징
일반 공격	쇼크 라이플	제시는 라이플에서 에너지 볼을 발사할 수 있습니다. 에너지 볼이 목표물에 맞으면, 통통 튕겨 나가 근처에 있는 적을 최대 세 명까지 맞힐 수 있습니다.
특수 공격	터렛 설치	대포처럼 생긴 터렛이 전장에 나타나서 적의 공격으로 파괴되기 전까지 자동으로 적을 겨냥하며 발사합니다.
스타 파워#1	에너지 충전	일반 공격으로 자신의 터렛을 맞히면 터렛이 800HP를 회복합니다.
스타 파워#2	쇼키	터렛 스크래피가 적 사이를 튕겨 다니는 에너지 볼을 발사합니다. 튕긴 에너지 볼은 기본 거리의 51%만큼 이동합니다.

제시는 용기사 제시라는 스킨을 사용할 수 있습니다. 이 스킨에서 제시는 기사처럼 옷을 입고 터렛을 용으로 위장할 수 있습니다.

제시는 전장에서 쉽게 조종할 수 있으며 꽤 먼 거리까지 적을 공격할 수 있습니다. 위의 화면에서 제시는 쇼크 라이플을 수동으로 조준하고 있습니다.

제시는 바캉스 제시라는 스킨을 선택할 수 있습니다. 그러면 제시는 여름 해변에 놀러 온 아이처럼 보입니다. 라이플은 대형 물총처럼 바뀌고 터렛은 노란색 오리 보트로 모양이 바뀝니다.

제시는 브롤 볼에 참가해서 공을 잡고 상대 팀 골대로 달려가서 결승골을 득점했습니다.

레온(Leon)

주요 특징	밝은 색의 모자 달린 옷을 입고 막대 사탕을 먹고 있는 소년은 꽤 순해 보입니다. 하지만 레온이 전장에 들어서면 확 달라지죠. 그 순간 레온은 은밀한 암살자로 변합니다.
희귀도	전설
브롤러 유형	은신 어쌔신

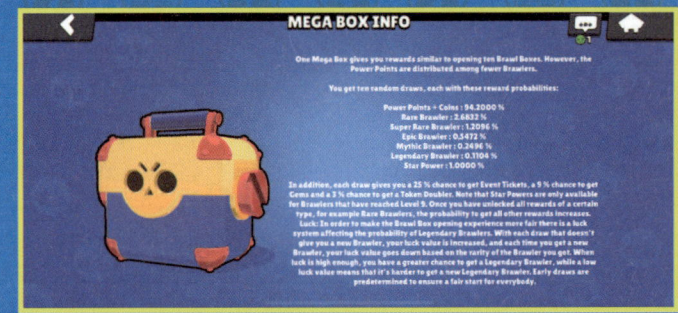

레온은 상자를 열어 잠금 해제하는 브롤러 중 하나입니다. 레온은 전설 브롤러로, 대형 상자나 메가 상자를 열 때마다 전설 브롤러(레온이 나올 가능성)가 잠금 해제될 확률은 겨우 0.1104%밖에 되지 않습니다. 그러므로 상자에서 레온이 나오면, 운이 좋은 것입니다.

레온은 적의 눈에 잘 띄는 탁 트인 공간에서 연막탄을 쓰면, 움직임을 추적 당할 수 있습니다. 하지만 덤불 속에 숨어서 안 보일 때 연막탄을 쓰면, 일시적으로 눈에 띄지 않아서 전장을 더 자유롭게 돌아다닐 수 있습니다.

	이름	특징
일반 공격	수리검	레온은 주머니에서 수리검을 꺼내서 적에게 던집니다. 목표물과의 거리가 멀수록 수리검에 의한 피해가 줄어듭니다. 그래서 레온은 근거리나 중거리 공격에 더 뛰어납니다.
특수 공격	연막탄	연막탄을 쓰면, 레온은 6초간 은신 상태가 됩니다. 공격할 때 다시 모습을 드러내기 때문에 가까이에 있는 적은 레온을 발견할 수 있습니다.
스타 파워#1	안개 은신술	은신 상태에서 이동 속도가 24% 증가합니다.
스타 파워#2	은신 치유	특수 공격이 활성화되면 초당 1000HP를 회복합니다.

장거리 무기를 쓰는 적과 마주쳤을 때 아직 거리가 있으면, 곧장 돌진할 거라고 적이 착각하게 만드세요. 적이 공격을 해도 여러분이 적과 어느 정도 떨어져 있다면 날아오는 탄환을 재빨리 피할 수 있습니다. 그리고 적이 공격을 재충전하는 시점에 맞춰 공격을 개시하세요.

모티스(Mortis)

주요 특징	모티스는 슈퍼히어로일까요 아니면 뱀파이어일까요? 전장에서 모티스를 조정하거나 맞서 싸워야 할 때 어느 쪽인지 정해야 합니다. 모티스는 적을 공격하려고 모서리가 날카로운 삽을 무기로 들고 다닙니다.
희귀도	신화
브롤러 유형	돌진 어쌔신

위의 화면은 모티스가 기본 스킨을 입은 모습입니다.

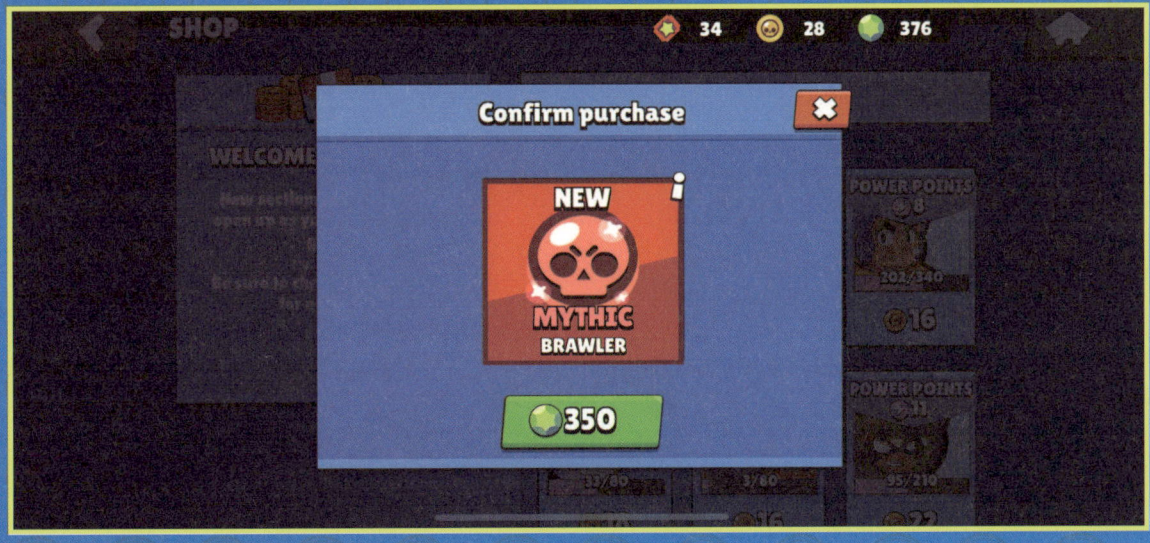

모티스는 상점에서 보석 350개면 신화 브롤러 중 하나를 잠금 해제할 수 있는 일일 상품을 통해 잠금 해제했습니다.

	이름	특징
일반 공격	삽 스윙	삽 스윙으로 모티스는 적에게 돌진하면서 삽을 휘둘러서 상당한 피해를 입힙니다.
특수 공격	피의 축제	모티스는 흡혈박쥐 떼를 소환해서 근처에 있는 적의 HP를 흡수할 수 있습니다. 흡수한 만큼 자신의 체력을 회복해서 훨씬 더 막강해질 수 있습니다.
스타 파워#1	영혼 사냥	모티스는 적을 무찌를 때마다 적의 영혼을 흡수해 HP를 1800만큼 회복할 수 있습니다.
스타 파워#2	전속력 돌진	돌진 게이지가 생기며, 가득 차면 돌진 거리가 75% 증가합니다. 모든 돌진이 준비되면 3.5초 후 게이지가 완전히 충전됩니다.

여기서 보다시피, 일반 공격은 수동 조준으로 표적 장치가 나타날 경우에 사정거리가 매우 짧습니다. 삽 스윙은 특정 목표물을 겨냥할 경우에 수동으로 조준하는 쪽이 가장 좋습니다. 자동으로 조준할 때는 벽이나 장애물이 근처에 있으면 적이 아니라 그 물체를 파괴할 수도 있습니다. 적을 막아 주는 물체가 주변에 없을 때만 자동 조준을 사용하세요.

모티스는 탑 햇 모티스 스킨을 사용할 수 있습니다. 탑 햇 모티스는 평상시보다 좀 더 격식 있는 차림이 됩니다.

또한 라커빌리티라는 스킨을 선택할 수도 있습니다. 모티스는 여전히 뱀파이어로 머리카락이 보라색이지만, 팝스타 엘비스 프레슬리를 떠올리게 하는 스킨입니다.

브롤러 소개

모티스가 밤의 마녀 모티스라는 스킨을 걸치면, 강력한 힘을 지닌 마녀의 모습으로 바뀝니다.

모티스는 삽 스윙과 달리 '피의 축제'를 쓰면 장거리 공격도 가능합니다. 위의 화면은 특수 공격인 피의 축제가 얼마나 멀리까지 가는지를 조준 장치로 보여 주고 있습니다.

피의 축제로 공격하면, 박쥐 떼가 목표물을 재빠르게 덮칩니다.

니타(Nita)

주요 특징	니타는 아주 먼 섬에서 왔습니다. 니타는 몸집이 작은 편이지만 원하면 어마어마하게 큰 친구를 소환할 수 있습니다. 니타의 친구는 적을 완전히 박살내는 거대한 붉은 곰입니다. 니타와 곰 친구는 근거리, 중거리 또는 멀리서도 아주 잘 싸우는 파이터입니다.
희귀도	트로피 10개를 모아 트로피 진척도에서 니타를 잠금 해제하세요.
브롤러 유형	파이터

니타는 벽을 뚫어 버릴 수 있으므로 최대한 벽을 잘 활용하며, 벽 뒤에 몸을 숨기는 편이 좋습니다.

	이름	특징
일반 공격	포효	니타는 강력한 충격파를 만들어 냅니다. 손으로 적에게 충격파를 쏴 범위 안에 있는 적에게 피해를 줍니다.
특수 공격	곰 소환	니타가 커다란 아기 곰(거대한 붉은 곰)을 부를 때마다, 곰은 적을 쫓아가 발톱으로 공격합니다. 아기 곰은 니타와 다른 별도의 HP가 있습니다.
스타 파워#1	곰과 나	니타가 파워 레벨 9에 도달해서 이 능력을 잠금 해제하면, 아기 곰이 적을 물리칠 때마다 니타의 체력이 최대 500HP까지 회복됩니다. 또한 니타가 적을 물리칠 때마다, 아기 곰의 체력이 최대 500HP까지 회복됩니다. 니타와 곰이 함께 싸우면, 전투에서 함께 더 오래 살아남을 수 있습니다.
스타 파워#2	하이퍼 베어	파워 레벨 9에 도달하면 두 번째 스타 파워도 잠금 해제됩니다. 아기 곰의 공격이 더 빨라지고 재충전 시간도 60% 빨라집니다.

니타는 곰이라면 어떤 종류라도 정말 다 좋아합니다. 판다 니타 스킨(보석 30개)을 선택하면, 니타는 판다 옷을 입고 커다란 아기 곰은 대형 판다로 바뀝니다.

시바 니타(보석 150개)는 니타가 선택할 수 있는 또 다른 스킨입니다. 이 스킨도 니타의 모습뿐만 아니라 커다란 아기 곰의 모습도 바꿔 줍니다.

표적 장치로 니타의 포효 공격을 조준해 보세요. 이 공격은 사정거리에 있는 적에게 발사할 수 있습니다.

브롤러 소개

니타가 곰을 소환하는 능력은 많은 전투에서 아주 유용합니다. 곰은 일단 전장에 들어오면 스스로 알아서 움직이며 적을 공격합니다. 니타와 곰이 화면 중앙에 보입니다. 곰은 솔로 쇼다운 이벤트에서 적을 공격하고 있습니다. 듀오 쇼다운 이벤트에 참가해서 곰을 소환하면, 세 명이 한 팀이 되어 상대 팀보다 유리해집니다. 마찬가지로 3 대 3 이벤트에서 플레이할 경우에 곰을 소환하면, 곰이 네 번째 팀원으로 합류해서 훨씬 더 세고 막강한 팀이 됩니다.

팸(Pam)

주요 특징	제시와 팸을 헷갈려 하지는 않겠지만, 둘 다 빨간 머리입니다. 팸은 더 크고 우락부락하며 훨씬 더 짓궂어 보입니다. 그렇지만 팸은 뛰어난 파이터이자 힐러이기도 합니다. 팸은 3인조 팀에서 팀원 두 명이 다 파이터일 때 부족할 수 있는 부분을 보완해 줍니다.
희귀도	영웅
브롤러 유형	서포터

팸이 메탈스톰을 쓸 때마다 한 방에 9발의 고철 파편이 발사됩니다. 두 발은 왼쪽으로, 다른 두 발은 오른쪽으로 날아가지만, 나머지 다섯 발은 일직선으로 날아갑니다. 이러한 특징을 이용해서 수동 조준으로 최소 다섯 발을 목표물에 명중시킨다면 적에게 더 큰 피해를 입힐 수 있습니다.

	이름	특징
일반 공격	메탈스톰	팸은 적에게 고철 파편을 발사하는 이상한 모양의 기계를 등에 메고 다닙니다. 적이 고철 파편을 맞을 때마다 상당한 피해를 받습니다.
특수 공격	엄마의 뽀뽀	특수 공격이 활성화되면, 팸 근처에 힐링 터렛이 나타납니다. 팸과 아군이 근처에 있기만 하면 매 초당 더 많은 체력이 보충됩니다.
스타 파워#1	엄마의 포옹	팸이 메탈스톰으로 적을 맞힐 때마다, 자신의 HP뿐만 아니라 근처에 있는 아군의 HP가 40만큼 회복됩니다.
스타 파워#2	엄마의 폭풍 압박	힐링 터렛을 사용할 때 적에게 초당 500 피해를 줍니다.

팸의 메탈스톰은 공격 범위가 꽤 넓어서 다른 브롤러에 비해 조종하기가 더 수월합니다. 팸은 싸우면서 전투에서 힐러 역할을 할 수 있는 초보자나 게이머에게 잘 맞습니다.

특수 공격인 엄마의 뽀뽀는 충전되면 전장 어디에든 설치할 수 있습니다. 커다란 녹색 고리 안에는 힐링 터렛이 있습니다. 팸과 아군이 고리 안에 있기만 하면 효력을 발휘합니다. 적의 공격을 덜 받는 곳에 터렛을 설치하세요. 위의 화면처럼 전장의 한복판은 터렛를 설치하기에 전략적으로 최적의 위치는 아닙니다.

팸의 메탈스톰은 퍼지면서 적에게 날아가기 때문에 가까운 곳에서 여러 명의 적을 한꺼번에 상대할 때 유리한 공격입니다.

브롤러 소개

일주일 내내 잠금 해제할 수 있는 이벤트 이외에도, 티켓 이벤트에 참가할 기회를 놓치지 마세요. 이벤트에 참가하려면 먼저 티켓을 모아야 합니다. 예를 들어, 티켓은 상자에서 얻거나 상점에서 구매할 수 있습니다. 티켓 이벤트를 잠금 해제하려고 이벤트 선택 화면을 누르면 저절로 무료 티켓 두 장이 생깁니다.

평일에 이벤트 선택 화면에 들어가면, 다음의 티켓 이벤트가 활성화되는 시간을 알려 주는 타이머와 미리보기가 함께 있습니다. 위의 화면에서 로보 럼블은 4일 17시간 후에 자동으로 잠금 해제됩니다. 그 사이에 로보 럼블 배너의 오른쪽 위에 있는 정보("i") 아이콘을 눌러서 티켓 이벤트의 모든 정보를 미리 볼 수 있습니다.

지금까지 모은 티켓 수

티켓 이벤트 참가시 필요한 티켓 수

초보자가 티켓 이벤트에 참가하려면, 우선 트로피 350개를 모아서 트로피 진척도를 따라 티켓 이벤트 단계에 도달해야 합니다. 티켓 이벤트가 잠금 해제되면, 주말마다 이벤트 챌린지가 달라지는 것을 알 수 있습니다. 위의 그림에서 팸은 빅 게임에 참가하려고 합니다. 플레이 아이콘에서 입장료가 티켓 한 장이라는 점을 알 수 있으며, 이 게이머가 31장의 티켓을 사용할 수 있다는 사실을 화면 중앙 위쪽에서 확인할 수 있습니다.

페니(Penny)

주요 특징	권총이 페니의 주무기라고 생각하겠지만, 틀렸습니다. 금화가 가득한 주머니를 쏴 피해를 줄 수 있습니다. 페니는 뛰어난 장거리 브롤러입니다. 페니의 목표는 세계적인 해적이 되는 것입니다. 그래서 전장에 들어올 때마다 자신의 대포를 갖고 옵니다.
희귀도	초희귀
브롤러 유형	저격수

페니를 브롤러로 선택한 홈 화면입니다.

	이름	특징
일반 공격	주머니 투척	페니는 어깨에 메고 있던 금화가 가득한 주머니를 쏩니다. 주머니가 적에게 맞으면 금화가 터져 나오면서 적에게 피해를 줍니다.
특수 공격	낡은 대포	페니가 대포를 설치하면, 적이 멀리 떨어져 있거나 지형물 뒤에 숨어 있더라도 적을 향해 자동으로 발사됩니다. 대포는 자체적인 HP가 있습니다.
스타 파워#1	마지막 한 방	페니의 대포가 적에게 위협적이라서, 당연히 적은 싸우는 동안에 페니와 함께 대포를 파괴하려고 할 겁니다. 전투에서 대포가 파괴되면 마지막으로 폭탄 4개를 쏩니다. 폭탄마다 1680 피해를 줍니다.
스타 파워#2	불꽃탄	대포에서 발사되는 포탄의 탄착 지점이 3초간 불길에 휩싸입니다. 적은 초당 400 피해를 받습니다.

낡은 대포를 최대한 활용하려면 전장에서 가장 유리한 위치에 설치해야 합니다. 그러면, 페니가 수동 조준으로 주머니 투척을 사용하는 동안에 자동으로 적을 쏠 수 있습니다. 낡은 대포와 주머니 투척으로 동시에 공격하면 많은 적들에게 치명타를 줄 수 있습니다. 여기서, 페니는 화면 중앙에 설치한 낡은 대포 근처에 서 있습니다.

브롤러 소개

하이스트 전투에서 페니는 전장에 설치한 낡은 대포에서 왼쪽 위에 서 있습니다. 그 위치는 아군의 금고 왼쪽에서 접근하는 적을 물리치는 데 도움이 됩니다.

파이퍼(Piper)

주요 특징	공주인 파이퍼는 만나는 모든 사람이 자기 앞에서 고개를 숙이길 바랍니다. 그렇지 않은 사람은 계속 맞게 되죠. 파이퍼가 들고 있는 분홍색 우산은 햇빛이나 비를 피하려는 게 아니라, 멀리서 적을 무찌를 수 있는 아주 위험한 무기입니다.
희귀도	영웅
브롤러 유형	저격수

페니는 기본 스킨에서 약간 위협적으로 보이지만, 토끼 페니(보석 80개)를 입으면 달라집니다. 페니가 이 옷을 뽐내며 입으면 못된 분위기를 풍기는 커다란 분홍 토끼처럼 보입니다. 스타 포인트로 다른 스킨을 획득할 수 있습니다.

실력이 좋은 게이머라면 조금만 연습해도 전투에서 동화같은 해피엔딩을 기대할 수 있습니다.

페니의 주머니 투척은 표적 장치를 써서 수동으로 조준할 수 있습니다. 이 무기는 직선으로만 쏠 수 있되 꽤 멀리까지 날아갑니다.

파이퍼의 건브렐라는 재장전하는 데 시간이 걸리므로 자동 조준 기능이 아니라 수동으로 조준해야 유리합니다. 적이 너무 가까이 접근하거나 물리치는 데 각별히 주의해야 할 경우에는 세 발의 탄환 중 최소 한 발은 쏘지 말아야 합니다. 파이퍼를 조종할 때는 자동 조준보다 수동 조준 발사가 더 좋습니다.

	이름	특징
일반 공격	건브렐라	파이퍼의 우산에서 발사된 탄환은 적이 멀리 있을수록 더 큰 피해를 줍니다.
특수 공격	팡팡팡	파이퍼는 팡팡팡 특수 공격을 쓸 때, 적에게 수류탄을 던지고 재빨리 점프해서 안전한 곳으로 피합니다.
스타 파워#1	매복	덤불에 숨은 채 건브렐라를 발사해서 적을 명중시킬 때마다 최대 800HP의 추가 피해를 줍니다.
스타 파워#2	재빠른 저격	건브렐라로 적을 명중시킬 때마다 탄환 0.3개를 즉시 재장전합니다.

파워 포인트(PP)는 브롤 상자, 대형 상자, 메가 상자에서 받아서 수집할 수 있습니다. 파워 포인트로 브롤러의 레벨을 최소 파워 레벨 9까지 업그레이드하는 것이 목표입니다. 그러면 브롤러는 각자 특유의 스타 파워 능력을 잠금 해제해서 사용할 수 있습니다.

브롤스타즈를 플레이해서 모든 브롤러를 파워 레벨 9나 10으로 업그레이드하면, 상자에서 파워 포인트 대신에 코인을 추가로 받습니다.

포코(Poco)

주요 특징	멕시코 브롤러인 포코는 솜브레로를 쓰고 음악을 무기로 사용합니다. 아군에서는 힐러가 되기도 합니다. 포코의 주무기는 음파로 적에게 야금야금 피해를 주는 멕시코 기타인 기타론입니다.
희귀도	희귀
브롤러 유형	서포터

위의 화면에서 파이퍼 전용 파워 포인트 12개는 코인 24개를 내고 구매할 수 있습니다. 하지만 특별 상품을 획득하려면 보석 39개가 필요합니다. 특별 상품에는 모든 브롤러가 사용할 수 있는 파워 포인트 220개가 포함되어 있습니다.

포코는 초보자가 조종하기에 딱 좋은 브롤러입니다. 그 이유는 '파워 코드' 공격을 쓰면 사정거리가 넓어져서 다른 브롤러보다 수동 조준이 크게 중요하지 않기 때문입니다. 포코가 딱 한 명의 적만 상대한다면, 조준하느라 소중한 시간을 낭비하지 마세요.

브롤러 소개

그냥 파워 코드로 공격하세요. 하지만 근처에 아군을 치유하려고 뮤직 테라피를 쓴다면 정확히 조준해야 합니다. **브롤스타즈** 게이머들 중 일부는 포코가 약하다고 여길 수 있습니다. 게임 스킬을 넓히고 경험치를 쌓기 위해서 포코 대신 다른 브롤러를 조종하길 원할 수도 있습니다.

	이름	특징
일반 공격	파워 코드	포코가 연주하는 기타 음악과 음파는 가까운 곳에 위치한 적이 들으면 치명적일 수 있습니다. 악보 아이콘은 피해를 입힐 수 있는 사정거리를 알려 줍니다.
특수 공격	앙코르	포코가 곡을 바꿔서 경쾌한 멜로디를 연주할 때마다, 자신뿐만 아니라 근처에 있는 아군을 치유할 수 있습니다. 하지만 이 능력은 적에게 어떤 영향도 미치지 않습니다.
스타 파워#1	뮤직 테라피	포코의 파워 코드를 받은 아군의 체력이 800HP 올라갑니다.
스타 파워#2	불협화음	포코가 앙코르를 사용할 때 적에게 800의 피해를 줍니다.

포코는 어떤 스킨을 선택하든지 진짜 멕시코 사람처럼 보입니다. 세레나데 포코 스킨은 옷 색깔에 변화를 줘서 더 귀여워 보이게 합니다.

포코의 파워 코드는 수동 조준하지 않아도 근처에 몰려 있는 여러 적을 한꺼번에 공격할 수 있습니다. 하지만 포코는 적과 거리를 유지했을 때 가장 잘 싸운다는 점을 꼭 기억해 둬야 합니다.

수동 표적 장치를 활성화하면 파워 코드가 미치는 광범위한 구역을 확인할 수 있습니다. 포코의 파워 코드는 게임에서 가장 약한 공격력이긴 하지만 아주 빨리 재장전된다는 장점이 있습니다. 파워 코드는 포코가 여러 브롤러와 한 팀일 때 중요한 스킬입니다. 포코는 바운티나 하이스트보다는 젬 그랩과 브롤 볼 같은 이벤트에서 유용합니다.

파워 코드는 재장전하는 시간이 빠르기 때문에 주로 다 쓸 때까지 계속 발사했다가 몇 초간 물러나서 재장전하고, 다시 가까운 적에게 접근하여 공격하기 좋습니다.

특수 공격인 앙코르를 수동 조준으로 사용하면, 멀리까지 도달할 뿐만 아니라 각각의 탄환이 광범위한 지역까지 미칠 수 있습니다.

리코(Rico)

주요 특징	모든 브롤러가 다 똑같이 만들어지지 않았습니다. 어떤 브롤러는 사람이 아니죠. 리코는 개성 넘치며 강력한 전투 능력을 보유한 최첨단 로봇입니다.
희귀도	초희귀
브롤러 유형	저격수

앙코르가 완전히 충전되어 활성화되면, 움직이는 녹색 구름처럼 생긴 엄청난 음파가 포코의 기타론에서 발사됩니다.

그 모습이 화면 오른쪽 위에 보입니다.

리코를 조종하기로 선택하면, 리코의 무기를 수동 조준하는 연습을 해야만 총알이 벽과 장애물에 잘 튕겨 나올 수 있습니다.

구석에 있는 목표물을 잘 맞혀야 합니다. **브롤스타즈**에서 가장 익히기 힘든 스킬이 통통 튀는 총알을 컨트롤하는 것이지만, 일단 그렇게 되면 전술적으로 유리해집니다. 통통탄으로 공격할 때 일직선으로 조준하거나 벽과 각을 이뤄서 조준하면 총알이 궤도를 그리며 이리저리 통통 튕겨 나옵니다.

브롤러 소개

	이름	특징
일반 공격	통통탄	리코는 통통 튀는 총알을 발사하는 미래형 권총을 들고 다닙니다. 통통탄은 벽에 맞고 튕겨서, 지형물 뒤에 숨어 있더라도 적을 향해 튕겨 나갈 수 있습니다.
특수 공격	트릭샷	리코가 트릭샷을 사용하면 더 폭발적인 탄환을 발사합니다. 트릭샷은 적을 관통하고 벽에 맞고 튕겨서 근처에 있는 적까지 공격합니다. 즉, 적이 밀집한 곳을 리코가 잘 조준하면 한 번에 여러 명의 적을 없앨 수 있습니다.
스타 파워#1	슈퍼 통통탄	리코가 쏜 통통 튀는 총알이 튀어서 목표물을 맞힐 때마다, 적은 100HP 상당의 추가 피해를 입습니다. 이 기능은 리코가 파워 레벨 9에 도달해서 슈퍼 통통탄을 잠금 해제한 후에야 시작됩니다.
스타 파워#2	로봇 질주	파워 레벨 9에 도달해서 잠금 해제한 후에야 두 번째 스타 파워도 시작됩니다. 리코의 HP가 40% 이하로 떨어졌을 때, 34% 더 빠르게 이동할 수 있습니다.

리코는 어떤 옷을 입든지 로봇이란 사실을 숨길 수가 없습니다. 벼락부자 리코 스킨은 왕족처럼 보이게 하지만, 팝콘 리코 스킨을 입은 리코는 싸우면서 팝콘을 튀겨야 합니다.

브롤스타즈에서는 다양한 이벤트 종류를 잠금 해제할 수 있으며, 이벤트마다 여러 종류의 전장 맵 중 하나씩만 경험할 수 있습니다. 만약 여러분이 새로운 것을 하고 싶거나 여러 가지 챌린지를 달성할 수 있는 스킬에 집중하고 싶다면, 다른 이벤트로 바꿔서 플레이하세요. 매일 열리는 이벤트를 잠금 해제해서 바로 이기면, 스타 토큰 하나를 받습니다. 스타 토큰 10개로 대형 상자를 열면 굉장한 보상을 받을 수 있습니다.

대형 상자와 스타 토큰   트로피 진척도 보상

위의 홈 화면은 리코가 선택되었음을 보여 줍니다. 화면 왼쪽 아래를 보면, 필요한 10개의 스타 토큰 중에서 4개를 이미 모았음을 알 수 있습니다. 그리고 화면 왼쪽 위를 보면, 트로피 진척도에서 또 다른 단계에 도달했다는 것을 노란색 아이콘으로 알 수 있습니다.

로사(Rosa)

주요 특징	식물학자인 로사는 식물 연구를 정말 좋아합니다. 로사는 연구를 통해 식물로 가까운 적을 무찌르는 법을 알아냈습니다.
희귀도	희귀
브롤러 유형	헤비웨이트

로사는 돌 주먹 공격으로 강력한 주먹을 세 번 연달아 날릴 수 있습니다. 주먹으로 목표물을 맞히면 많은 피해를 줄 수 있지만, 거리가 아주 가까워야 합니다.

브롤러 소개

	이름	특징
일반 공격	돌 주먹	주먹을 쓰는 로사는 강력한 기술로 공격해서 가까이 있는 적을 완전히 때려눕힐 수 있습니다.
특수 공격	몸이 튼튼	로사는 적의 공격을 피해야 할 때 튼튼한 덩굴로 몸을 감싸 피해를 줄일 수 있습니다. 덩굴은 3초 동안 적에게 받는 모든 피해를 70%까지 줄여 줍니다.
스타 파워#1	자연이 좋아	파워 레벨 9에 도달해서 이 능력을 잠금 해제하면, 로사가 전장에서 덤불에 숨어 있을 때마다 초당 200HP를 회복합니다.
스타 파워#2	가시 글러브	두 번째 스타 파워도 파워 레벨 9에 도달해서 잠금 해제하면 사용할 수 있습니다. 로사의 특수 공격이 활성화되면 펀치 피해량이 220 증가합니다.

로사는 '몸이 튼튼' 능력으로 보호막이 추가되기 때문에 공격 능력을 제대로 활용한다면, 적이 로사의 HP를 0으로 만들기 위해 최대 12번의 직격탄을 발사해야 합니다. 몸이 튼튼 덕분에, 로사는 힘든 전투에서 오래 버틸 수 있습니다.

로사가 '몸이 튼튼' 공격을 할 때 표적 장치를 보면 알 수 있듯이, 사정거리가 매우 제한적입니다.

돌 주먹의 제한된 사정거리를 극복하는 연습을 좀 더 한다면, 로사로 전투에서 이겨서 스타 플레이어 타이틀을 획득할 수 있습니다.

적에게 접근하려고 돌진하지 말고, 덤불에 숨어 있으면서 몸이 튼튼 공격의 사정거리로 적이 들어올 때까지 기다렸다가 접근한 적에게 재빨리 세 발을 전부 발사하세요. 이 공격은 정확한 조준보다는 타이밍이 더 중요합니다.

쉘리(Shelly)

주요 특징	쉘리는 젊고 활발하며 다재다능한 브롤러입니다. 그래서 브롤스타즈를 시작할 때 잠금 해제하는 첫 번째 브롤러입니다. 쉘리는 권총을 주무기로 사용하며 장거리에서도 잘 싸웁니다.
희귀도	쉘리는 기본 브롤러입니다. 브롤스타즈를 시작할 때 어느 정도의 시간을 들여서 쉘리의 파워 레벨을 올리세요. 잘 다룰 수 있고 파워 레벨이 높은 브롤러를 하나라도 가지고 있으면 임의의 게이머와 팀을 이뤄서 전투할 때 아주 유리해집니다.
브롤러 유형	파이터

현재 참가하는 이벤트가 어떤 종류인지 잘 이해하고 있어야 합니다. 예를 들어, 젬 그랩에서 플레이한다면 보석을 모으는 것이 주목적이므로 적을 반드시 무찌를 필요가 없습니다. 솔로나 듀오 쇼다운 이벤트에서 플레이한다면, 적을 무찌르는 것이 목표입니다. 서로 싸우는 적을 급습해서 싸워야 할 상대를 줄여야 합니다. 바운티 이벤트는 항상 별을 찾아서 잡는 것입니다. 최고의 보상을 받으려면 별을 가장 많이 들고 다니는 적을 물리치는 데 집중하세요.

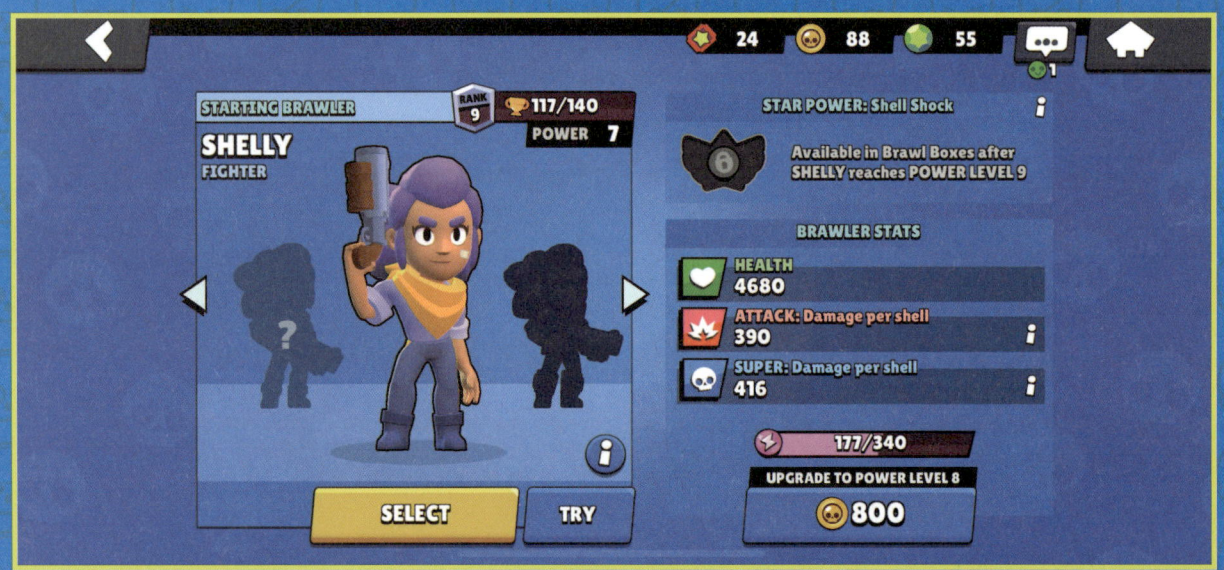

　　쉘리는 여러 방면에서 가장 뛰어난 브롤러입니다. 쉘리는 어떤 거리에서도 잘 싸우며, 어떤 적과 대결해도 뒤지지 않는 일반 공격, 특수 공격, 스타 파워를 보유하고 있습니다.

브롤러 소개

	이름	특징
일반 공격	산탄총	쉘리의 권총은 멀리까지 피해를 줄 수 있습니다. 넓게 퍼지는 산탄으로, 목표물을 맞히는 총알이 많을수록, 적에게 더 많은 피해를 줍니다. 산탄총은 근거리와 중거리 공격에 가장 적합한 무기입니다.
특수 공격	슈퍼 쉘	쉘리가 강력한 폭발력이 있는 탄약을 사용하면 적과 장애물을 함께 날려 버릴 수 있습니다. 게다가 총알 공격에도 살아남은 적은 뒤로 밀려납니다.
스타 파워#1	쉘 쇼크	파워 레벨 9에 도달해서 이 능력을 잠금 해제하고, 쉘리가 슈퍼 쉘을 사용하면 적의 움직임을 3초간 느리게 만들 수 있습니다.
스타 파워#2	밴드 에이드	두 번째 스타 파워도 파워 레벨 9에 도달해서 잠금 해제한 다음에 사용할 수 있습니다. 쉘리의 HP가 40% 이하로 떨어지면 그 즉시 자동으로 HP를 1800만큼 회복합니다. 이 능력은 재충전하는 데 20초가 걸립니다.

쉘리의 기본 모습은 그다지 강해 보이지는 않지만, 반다나와 안대를 하는 도적 쉘리 스킨으로 바뀌면 좀 더 강하고 위협적으로 보입니다.

쉘리는 전천후 능력을 지니고 있어서 초보자가 조종하기에 좋습니다. 처음에는 산탄총을 사용할 때 자동 조준 기능에 의존할 수 있지만, 전장에 익숙해지면 특정 적을 수동 조준하는 연습을 하세요.

스파이크(Spike)

주요 특징	브롤스타즈에는 인간, 로봇, 미라, 괴물, 뱀파이어 등의 다양한 브롤러가 있습니다. 심지어 스파이크라는 제법 잘 어울리는 이름을 지닌 전투 선인장도 있습니다.
희귀도	전설
브롤러 유형	저격수

슈퍼 쉘은 쉘리가 산탄총으로 여러 번 명중한 후에 충전되면 발사할 수 있습니다. 모든 브롤러와 마찬가지로 특수 공격은 완전히 충전되면 화면 오른쪽 아래에 있는 발사 버튼이 노란색으로 바뀝니다. 특수 공격은 아주 강력한 무기일 뿐만 아니라 산탄총보다 확산 범위가 거의 두 배나 넓어서 가까이 있는 여러 적에게 피해를 줄 수 있습니다.

스파이크의 가시 수류탄은 재장전하는 속도가 느리지만, 매번 강한 공격을 날릴 수 있습니다. 이 점을 알고서, 연달아 사용하지 말고 가능하면 수동 조준해서 한 번에 하나씩 투척하세요. 스파이크가 가시 수류탄을 다 써버리면 재장전하는 시간을 기다려야 하므로 매우 위험해 집니다. 스파이크는 가시 수류탄이 없을 때 근거리 전투에 처하면 위험에 빠질 수 있습니다. 수류탄을 꼭 남겨 두세요.

브롤러 소개

	이름	특징
일반 공격	가시 수류탄	스파이크는 공격으로 작은 선인장을 투척합니다. 작은 선인장이 폭발할 때 날카로운 가시가 사방으로 튀어나와 적에게 피해를 줍니다.
특수 공격	선인장 파티	스파이크가 선인장 파티를 사용하면, 스파이크가 던진 가시 수류탄이 터지면서 폭발 범위에 있는 적에게 피해를 주고 일시적으로 동작을 느리게 합니다.
스타 파워#1	따뜻한 햇살	스파이크가 선인장 파티를 쓰고서 생성된 폭발 범위에 머무르면, 초당 800HP를 회복할 수 있습니다.
스타 파워#2	커브볼	가시 수류탄의 가시가 휘어지며 날아가 적을 더 쉽게 맞힐 수 있습니다.

선인장이 초록색이어야 한다고 누가 그러던가요? 스파이크가 벚꽃 스파이크 스킨을 걸치면, 연한 분홍색이 됩니다. 걱정 마세요. 스파이크의 공격력은 여전히 위험하답니다.

스파이크의 가시 수류탄은 수동이나 자동 조준으로 투척할 수 있습니다. 어느 방향이든 멀리까지 도달할 수 있고, 날아갈 때 파란색 공처럼 보이는 날카로운 선인장 가시는 일직선으로 쭉 날아갑니다.

스파이크의 특수 공격인 선인장 파티는 수동으로 조준할 때 그 진가를 발휘합니다. 선인장 파티의 조준 장치가 곡선 궤도를 그리는 모습을 확인하세요. 수류탄이 땅에 떨어지면, 적 주변에 나타나는 파란색 원이 폭발 범위입니다. 적이 그 안에 있으면 매 초당 400HP의 피해를 받습니다. 전투가 격렬해서 스파이크의 특수 공격이 완전히 충전된 순간을 놓쳤다면, 실수로 특수 공격을 사용할 수도 있습니다. 발사 버튼이 노란색으로 바뀌는지 살펴보세요. 그리고 특수 공격으로 더 많은 피해를 입히세요.

타라(Tara)

중력장 공격은 전투 중에 타라를 제외한 적들을 빨아들여 승리를 이끌어 줍니다. 트리플 타로는 쓸모 있는 기술이긴 하지만, 다른 브롤러의 일반 공격만큼 세지 않습니다. 적을 끝장내 버려야 한다면, 중력장 공격에 집중한 다음에 트리플 타로를 바로 사용하세요.

주요 특징	싸움이 치열해지더라도, 타라는 그런 상황에 빠지길 원치 않습니다. 미라인 타라는 화려한 색상의 붕대로 몸을 칭칭 감고 타로 카드로 미래를 내다볼 수 있습니다. 보통 적들에게는 미래가 그리 밝아 보이지 않습니다. 타라는 브롤스타즈 게임에서 만나기 매우 어렵지만, 그렇다고 매우 강한 것도 아닙니다.
희귀도	신화
브롤러 유형	파이터

브롤러 소개

	이름	특징
일반 공격	트리플 타로	타라는 적의 미래를 읽으려고 타로 카드를 쓰는 게 아니라 한 번에 세 장의 카드를 적에게 날려서 면도날처럼 정확하게 베어 버립니다.
특수 공격	중력장	타라는 상상을 초월하는 중력장을 만들어 냅니다. 중력장 안으로 빨려 들어간 적들은 서로 부딪힙니다. 물론 이 공격을 제대로 쓰려면, 둘 이상의 적이 서로 가까이 있어야 합니다.
스타 파워#1	블랙 포털	특수 공격을 쓰면 다른 차원의 그림자가 소환되어 근처의 적을 공격하기 시작합니다.
스타 파워#2	그림자 치유	특수 공격을 써서 다른 차원의 그림자가 소환되면 그림자가 타라와 아군의 HP를 회복시켜 줍니다.

트리플 타로를 수동으로 조준할 때에는 적중률이 꽤 좋지만 타로 카드가 적에게 날아가면서 옆으로 퍼집니다.

트리플 타로 공격으로 파란색 타로 카드 세 장이 목표물을 향해 공중을 날아갑니다.

타라의 특수 공격인 중력장은 여러 명의 적이 아주 가까이 있을 때 사용하면 최고의 효과를 발휘합니다. 재충전할 때마다 세 번 발사하는데, 특히 전략적으로 조준하면 적들을 서로 충돌시켜서 피해를 입힐 수 있습니다. 많은 적이 몰려 있을 때 적의 한가운데를 향해 중력장을 수동으로 조준하세요.

트로피를 수집해서 트로피 진척도를 따라 앞으로 가다 보면 상품을 얻는다는 점을 꼭 기억하세요. 전투에서 이기거나 특정 이벤트에서 챌린지를 달성할 때마다 트로피를 얻게 됩니다.

2019년 6월 25일에 슈퍼셀은 브롤 토크의 유튜브 영상(https://youtu.be/s54bsh0O0u4)에서 27번째 브롤러로 틱을 게임에 추가한다고 발표했습니다. 틱은 바로 다음날 잠금 해제할 수 있었습니다.

각 브롤러의 총 트로피 개수에 따라 랭크가 결정됩니다. 위의 그림에서 타라는 랭크 1에 해당하며 랭크 2로 올라가려면 트로피 5개가 더 필요합니다. 랭크는 브롤러의 체력뿐만 아니라 일반 및 특수 공격력에 영향을 미치는 파워 레벨과는 다릅니다.

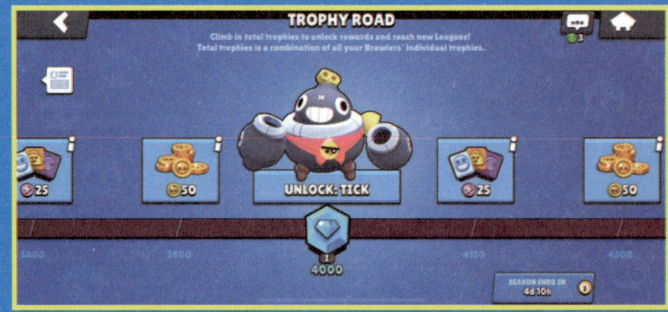

틱(Tick)

주요 특징	틱은 장거리 전투 능력을 보유한 통통 튀는 동그란 로봇입니다.
희귀도	트로피 4,000개를 모아 트로피 진척도에서 틱을 잠금 해제하세요.
브롤러 유형	스로어

틱은 머리를 분리할 수 있는 강철 로봇입니다. 슈퍼셀의 직원들은 틱을 "거의 참을 수 없는 에너지로 이뤄진 강철 공"이라고 설명합니다. 틱의 주특기는 폭발을 일으키는 것입니다. 틱을 잠금 해제하려면 트로피 4000개를 모아야 하는데, 최고의 게이머라 할지라도 트로피를 모으는 데에는 많은 시간이 걸립니다.

브롤러 소개

	이름	특징
일반 공격	미니 지뢰	공중에서 분리되는 지뢰 다발을 던집니다. 지뢰는 적이 밟자마자 하나씩 터지거나 땅에 떨어지고서 몇 초 만에 자동으로 모두 폭발합니다.
특수 공격	헤드퍼스트	틱은 폭탄으로 된 머리를 분리해 주위에 던질 수 있습니다. 머리 폭탄은 착지 후 근처에 있는 적에게 이동해서 접촉 시 폭발합니다.
스타 파워#1	셀프 수리	틱이 피해를 받지 않고 공격하지 않으면 평소보다 2초 빠르게 HP를 회복합니다.
스타 파워#2	오토매틱 재장전	틱의 공격 재장전 시간이 10% 빨라집니다.

지뢰가 공중에 던져져서 목표물 주변에 떨어지기 때문에 미니 지뢰를 수동으로 조준할 때에는 표적 장치로 곡선 모양의 궤도를 사용합니다. 이 공격은 최고의 장거리 폭탄입니다.

헤드퍼스트가 충전되어서 틱의 머리 폭탄을 수동으로 조준하면 미니 지뢰보다 사정거리는 훨씬 짧아집니다. 따라서 틱의 공격으로 커다란 폭발을 일으키려면, 가까이 접근해서 특수 공격을 개시한 후에 안전거리만큼 후퇴하고 미니 지뢰로 공격합니다.

공중에 떠 있는 동안에 하나의 지뢰가 세 개의 작은 지뢰로 갈라진 후 서로 조금 떨어진 채 땅에 떨어집니다.

더 많은 브롤러의 등장

슈퍼셀(**브롤스타즈** 개발업체)은 새로운 브롤러의 출시를 게임에 있는 뉴스에서 발표합니다. 새로운 캐릭터가 게임에 도입된다면 고유 능력이 무엇인지 알아보고서 획득하는 방법이 무엇이며 어떻게 잠금 해제할지 결정합니다.

신규 브롤러로부터 알아야 할 것

각 브롤러는 전투 중에 새로운 전투 방법이 도입됩니다. 즉, 일반 및 특수 공격과 스타 파워 능력의 사용법을 연습한 다음에, 많은 브롤러와 한 팀이 되어 공격과 방어 능력을 전반적으로 끌어올리려면 공격을 언제 사용해야 할지를 알아야 합니다.

슈퍼셀은 **브롤스타즈**의 균형을 잘 유지하려고 일부 브롤러의 파워와 능력(각각의 일반 공격, 특수 공격, 스타 파워)을 주기적으로 늘리거나 줄입니다. 이를 브롤러 능력의 "밸런싱" 또는 "리밸런싱"이라고 부르며, 그럴 경우에 게임의 뉴스에서 알려 줍니다. 브롤러의 능력이 하나 이상 약해질 때마다 "너프(nerfed)"되었다고 합니다.

브롤러 스킨을 잠금 해제하고 업그레이드하기

브롤러 스킨은 상자에서 무작위로 획득해서 잠금 해제하거나 보석으로 구매할 수 있습니다. 스킨은 브롤러의 공격이나 방어 능력에 영향을 주지 않지만 외모를 변화시킵니다.

잠금 해제된 스킨을 구매하거나 사용하려면 다음 단계를 따르세요.

- **1단계**: 홈 화면에서 브롤러 아이콘을 누르세요.

- **2단계**: 이미 잠금 해제한 브롤러 중에서 스킨으로 외모를 바꾸고 싶은 브롤러를 선택하세요.

- **3단계**: 선택한 브롤러의 프로필 화면이 나타나면, 브롤러 양옆에 있는 "◀" 또는 "▶" 화살표 버튼을 눌러 좌우로 움직여서 사용 가능한 스킨을 찾아보세요.

브롤러 소개

- **4단계**: 보석 버튼에 스킨 구입에 필요한 보석 수가 적혀 있습니다.(2019년 6월 화면 기준) 이 버튼을 누르면 보석으로 스킨을 구매할 수 있습니다. 엘 프리모를 위한 엘 레이 프리모 스킨을 보석 80개에 구매할 수 있습니다.

- **5단계**: 녹색 가격 버튼을 눌러서 구매 여부를 결정하세요. 여기서는 보석 80개입니다.

- **6단계**: 구매한 후에, 선택 버튼을 눌러서 스킨을 고른 후 브롤러에 입혀 보세요.

- **7단계**: 홈 화면으로 돌아가면, 선택한 브롤러가 새로 획득한 스킨을 입고 있는 것을 볼 수 있습니다.

2019년 여름부터, 스타 포인트는 새로운 형태의 게임 내 통화로 **브롤스타즈**에 도입되었으며 브롤러 전용 스킨과 다른 아이템을 구입하는 데 사용할 수 있습니다. 스킨은 어떤 방식으로 획득하든지, 브롤러의 공격력이나 방어력에 영향을 주지 않는다는 점을 꼭 기억하세요. 스킨 업그레이드는 오로지 브롤러의 모습을 꾸미려고 하는 것입니다.

4장
초보자를 위한 35가지 브롤스타즈 전략

초보자를 위한 35가지 브롤스타즈 전략

여기에서는 **브롤스타즈**에 나오는 다양한 이벤트를 플레이할 때 쓰는 게임 팁과 전략을 총집합해서 알려 줍니다. 일부 전략은 까다로운 전장에서 일어나는 특정 이벤트를 할 때, 또는 특정 브롤러를 조종할 때만 유용합니다. 어떤 전투에서 어떤 전략을 적용할 것인지를 잘 파악하고 활용해야 합니다.

#1 - 전투 기술을 연습하는 두 가지 방법

브롤스타즈를 연습하는 두 가지 방법은 선택한 브롤러로 훈련 지역에서 시간을 보내거나 친선 게임에 참가하는 것입니다. 그렇게 연습하다 보면 전투에서 트로피를 잃거나 패하지 않고, 전투 능력을 향상시킬 수 있습니다.

브롤러의 성능을 확인하는 쉬운 방법으로는 홈 화면에서 브롤러 아이콘을 누른 다음에 잠금 해제 여부와 관련 없이 모든 브롤러 중 확인하고 싶은 브롤러를 하나 선택합니다. 그리고 브롤러의 프로필 화면에서 체험 버튼을 누르는 것입니다.

훈련 지역에서 전투 스킬 시험해 보기

브롤러 체험을 누르면 훈련 지역으로 이동합니다. 훈련 지역에서 컴퓨터가 조종하는 로봇과 싸우면서, 선택한 브롤러의 일반 및 특수 공격과 스타 파워 능력을 시험합니다. 여기에서는 시험하고 싶은 만큼 많은 시간을 보낼 수 있습니다.

훈련 지역의 위쪽으로 이동하면서, 브롤러의 자동 조준 기능을 사용하여 전투 능력을 시험해 보세요. 발사 버튼을 계속 누르면 자동 조준 기능을 사용할 수 있습니다.

그다음에, 목표물을 향해 수동으로 조준하는 연습을 하세요. 그러면 적중률이 좋아집니다. 무기를 수동으로 조준하려면 빨간색 조준 발사 버튼을 손가락으로 누른 상태에서 발사하려는 방향으로 천천히 드래그합니다.

총이나 라이플처럼 직선으로 날아가는 무기를 조준할 경우에는 흰색 조준선이 나타납니다. 이 조준선은 무기의 조준 방향뿐만 아니라 확산 범위도 보여 줍니다. 적이 흰색 선에 미치지 못하면, 사정거리에서 벗어난 것이므로 더 가까이 접근해야 합니다.

실제 전투처럼 적의 머리 위에 각각 HP가 표시됩니다. 적에게 피해를 입혀 HP가 완전히 소진되면 전투에서 제거됩니다. 여러 브롤러와 익숙해지고 훈련 지역에서 공격 스킬을 시험할 때 공격마다 얼마나 많은 피해를 주는지 확인하세요. 초당 피해량은 화면 오른쪽 위에 계속 표시됩니다.

팸의 특수 공격인 엄마의 뽀뽀처럼 무기를 던질 수 있는 일반 공격이나 특수 공격을 수동으로 조준할 경우에는 항상 아치 모양의 조준선이 나타납니다. 아치의 끝을 적의 머리 위나 원하는 목표물에 놓아야 합니다. 아치가 원하는 목표물에 미치지 못하면, 사정거리를 벗어난 것입니다. 투척 가능한 무기는 지형물을 향해 던질 수 있습니다.

브롤러의 공격 무기가 벽에 튕겨 나가는 특징이 있다면, 이를 반드시 시험해 봐야 합니다. 그래야 실제 전투에서 여러 상황에서 맞춰 무기를 유용하게 다룰 수 있습니다.

훈련 지역 위쪽에는 로봇 20개가 배치되어 있습니다. 브롤러를 전략적 위치에 배치하고 수동 조준 장치를 써서 한꺼번에 많은 로봇을 파괴해 보세요. 여기에서 로봇 군대는 반격하지 않습니다. 실제 전투에서는 상대 브롤러와 싸울 때 어렵더라도 정확하게 적을 조준하면 많은 피해를 입힐 수 있습니다.

초보자를 위한 35가지 브롤스타즈 전략

훈련 지역의 로봇은 계속 부활합니다. 이곳에서 연습이 끝나면, 화면 아래에 있는 나가기 버튼을 누르세요. 훈련 지역에서 연습을 통해 전투 경험을 쌓았지만, 트로피나 토큰을 하나도 얻지 못했기 때문에 훈련 시간으로 얻은 보상으로는 브롤러를 업그레이드할 수 없습니다.

친선 게임 참가하기

실제 전장에서 연습하려면 친선 게임에 참가하는 것도 한 가지 방법입니다. 먼저 조종하고 싶은 브롤러를 선택하세요. 이미 잠금 해제한 브롤러만 선택할 수 있습니다. 친선 게임에 참가할 때마다 모든 브롤러가 완전히 업그레이드되어서 능력이 최고조에 달합니다.

친선 게임 화면에서 이벤트 버튼을 눌러서 참가하고 싶은 이벤트를 선택하세요. 스크롤을 내려서 모든 옵션을 꼭 확인하세요.

홈 화면에서 좋아하는 브롤러를 선택한 후에 친선 게임 버튼을 눌러보세요.(2020년 1월 기준 홈 화면에서는 화면 오른쪽 상단에 있는 메뉴 버튼을 눌러 들어가면 친선 게임을 확인할 수 있음.)

이벤트 선택 화면을 아래로 쭉 내리면, 14개의 젬 그랩과 쇼다운 이벤트 옵션이 나타납니다. 이벤트는 각각 다른 전장에서 열립니다.

예를 들어, 하이스트 이벤트, 바운티 이벤트, 브롤 볼 이벤트, 시즈 팩토리 이벤트 등을 모두 확인하려면 계속 스크롤하면 됩니다. 이중에서 참가하고 싶은 이벤트 하나를 누르세요.

초대 버튼을 하나씩 눌러서 온라인 친구가 게임을 함께할 수 있는지 초대장을 보내서 확인해 보세요.

이벤트 종류를 선택한 다음에, 친선 게임 설정 화면으로 다시 넘어갑니다. 화면 중앙에 보이는 칸에는 이벤트에 초대할 수 있는 브롤러가 하나씩 표시됩니다. 여러분의 브롤러는 왼쪽 위에 나타나며 나머지 다섯 칸에는 초대장이 있습니다. 온라인 친구 중에서 이벤트에 같이 참가할 친구를 한 명씩 초대해 보세요.

초대한 온라인 친구로 채우지 못한 자리는 **브롤스타즈**가 임의의 게이머로 채워서 같은 팀이나 상대 팀으로 추가합니다. 플레이 버튼을 눌러서 이벤트를 시작하세요.

친선 게임은 이벤트 종류에 따라 다르지만, 여럿이 한 팀이 되어서 다른 게이머와 겨루는 전투 스킬을 시험하기에 좋습니다. 친선 게임의 목적은 연습입니다. 따라서 친선 게임을 하면서 승리하거나 챌린지를 달성하더라도 트로피, 토큰, 스타 토큰 등의 보상을 하나도 받을 수 없습니다.

#2 - 3인조 브롤러 팀 만들기

브롤스타즈의 많은 이벤트에서는 파트너와 여러 명의 브롤러와 팀을 이뤄서 싸워야 합니다. 이런 경우, 게임에서 무작위로 팀을 선택하거나 여러분이 온라인 친구 중에서 특정 친구를 이벤트에 초대하여 게임하게 됩니다.

무작위로 팀이 결정될 경우에는 몇 가지 장단점이 있습니다. 한 가지 장점은 이전에 한 번도 접하지 못한 게이머와 플레이한다는 점입니다. 전투 경험이 많은 게이머를 만난다면, 전투에서 그들이 이끄는 대로 따라 하면서 새로운 전략과 전투 기술을 배울 수 있습니다.

브롤스타즈 게임에서 임의로 아군을 정할 때, 여러분이 그 전투에서 조종하려고 선택한 브롤러의 랭크 및 파워 레벨과 비슷한 브롤러를 선택한 게이머를 연결해서 팀으로 만듭니다. 마찬가지로 적군들도 랭크와 파워 레벨이 비슷한 브롤러로 전부 구성됩니다. 이렇게 하면 대등한 전투가 가능합니다.

브롤러가 모두 대등한 경기를 펼친다고 해서 브롤러를 조종하는 게이머의 게임 스킬이 비슷하다는 뜻은 아닙니다. 어떤 게이머는 높은 랭크와 파워 레벨을 가진 브롤러로 싸울 수 있음에도 새롭게 잠금 해제하여 얻은 랭크와 파워 레벨이 1단계인 브롤러를 선택합니다. 이 경우 선택한 브롤러의 전투력이 아직 업그레이드되지 않았지만, 게이머는 다른 브롤러와 팀을 이루고 많은 적과 싸우면서 익힌 전략을 전투에 사용할 수 있습니다. 이렇듯 게이머는 전투 경험이 많을수록 유리합니다.

전투하기 전에 여러분의 게임 스킬과 전략을 시험해 보고 싶으면, 랭크와 파워 레벨이 가장 높은 브롤러를 선택하세요. 그러면 강력한 브롤러와 대결하게 됩니다.

하지만 승리하거나 트로피와 토큰을 조금 더 수월하게 얻고 싶으면, 랭크가 가장 낮은 브롤러(또한 파워 레벨도 낮음.)를 선택하면 됩니다.

임의의 파트너 팀원과 함께 싸울 때에는 두세 명의 게이머가 똑같은 브롤러를 조종하는 경우가 흔합니다. 하지만 파트너 팀원을 직접 선택할 때에는 팀원들이 각자 다른 브롤러를 선택해서 조종해야 합니다. 그래야 균형 잡힌 팀을 만들 수 있습니다.

파트너나 팀원을 선택하는 경우에는 같이 플레이할 게이머를 고를 수 있습니다. 게이머는 각자 조종하고 싶은 브롤러를 선택합니다. 팀으로 잘 싸울 수 있는 브롤러를 선택하는 것이 중요합니다. 예를 들어서 가장 좋은 조합은 장거리 브롤러, 근거리 브롤러, 힐러로 이루어진 것입니다. 팀을 선택한 후, 브롤러의 공격 능력과 게이머의 스킬을 바탕으로 이벤트에 맞게 각자의 역할과 임무를 정합니다.

하이스트 이벤트에서는 힐러가 아군의 금고를 지키는 동안에, 근거리 및 장거리 브롤러가 적군의 금고를 파괴하려고 계속 공격할 수 있습니다. 아군 브롤러가 지닌 다양한 스킬과 고유의 공격력을 바탕으로 참여한 이벤트에서 각자에게 적합한 역할을 맡기세요.

브롤스타즈 전문가가 되려면, 다재다능한 팀을 이뤄서 함께 싸우며 각 브롤러의 고유 능력을 활용하는 법을 반드시 익혀야 합니다. 최고의 게이머가 된다면 사용 가능한 모든 브롤러를 잠금 해제해서 최고 랭크(20)와 최대 파워 레벨(10)로 업그레이드할 수 있습니다.

팀을 직접 선택했으면, 전투 전에 팀 채팅으로 팀원과 전략을 의논하고 브롤러에게 각자의 역할을 맡기는 편이 좋습니다.

젬 그랩을 할 때에는 힐러에게 보석을 수집하는 임무를 맡길 수 있습니다. 그 브롤러는 보석이 나오는 곳 주변에 계속 있어야 합니다. 장거리 파이터는 전체적으로 전투에서 공격하면서 최대한 많은 적을 무찌르는 일을 맡을 수 있습니다. 팀의 근거리 파이터는 보석 수집가를 보호하면서 아군의 진영지를 지킵니다.

브롤러의 파워 레벨 업그레이드 표
다음 표는 브롤러가 언제 특정 파워 레벨에 도달할 수 있는지를 정하는 데 좋습니다. 슈퍼셀이 게임을 업데이트할 때, 수치는 조금 달라질 수 있습니다.

초보자를 위한 35가지 브롤스타즈 전략

파워 레벨	필요한 파워포인트 개수	필요한 코인개수
1	0	0
2	20	20
3	30	35
4	50	75
5	80	140
6	130	290
7	210	480
8	340	800
9*	550	1250
10**	브롤 상자에서 획득함.	2000 (선택사항)

브롤스타즈에서는 클럽에 가입해서 함께 싸우고 겨룰 게이머를 만날 수 있고 최대 200명의 온라인 친구를 만들 수 있습니다. 클럽에 가입하면, 친구를 클럽 회원으로 초대하세요. 브롤스타즈는 여러분의 랭크와 게임 성과에 맞춰 클럽을 추천하고 있습니다.

#3 - 보석으로 토큰 더블러 구매하기

상점에서 실제 현금으로 구매할 수 있는 아이템 중에는 토큰 더블러가 있습니다. 이름에서 알 수 있듯이, 토큰 더블러는 전투에 참가해서 토큰을 얻을 때 토큰을 두 배로 얻을 수 있는 아이템입니다. 이런 파워업은 브롤 상자, 대형 상자, 메가 상자를 여는 것처럼 다른 방법으로도 얻을 수 있습니다. 토큰을 많이 얻을수록, 브롤 상자를 열 기회가 많아져서 브롤러를 더 빠르게 업그레이드할 수 있습니다.

* 브롤러가 파워 레벨 9에 도달하면, 스타 파워를 잠금 해제할 수 있습니다. 그러면 브롤러의 일반 및 특수 공격과 더불어 스타 파워를 사용하는 법을 익힐 수 있어서 브롤러의 전투 능력이 향상됩니다.

** 브롤러가 파워 레벨 9에 도달한 후에는 상자에서 획득하거나 상점에서 코인 2,000개로 필요한 것을 구매해야만 파워 레벨 10으로 업그레이드할 수 있습니다.

#4 - 공격(탄환) 잘 사용하기

브롤러의 공격 능력은 대부분 세 발을 한꺼번에 쏜 다음에 재장전하는 방식입니다. 재장전 미터는 브롤러의 HP 아래의 세 개의 주황색 칸으로 나타납니다. 총알을 잘 사용하세요. 총알을 다 써도 목표물을 쓰러뜨리지 못하면, 적에게 쫓기게 됩니다. 공격이 어느 정도 장전될 때까지 가능하면 후퇴해서 덤불 속에 숨어 있어야 합니다. 공격이 재장전되기를 기다리는 동안에 직격타를 받으면 HP가 남아 있더라도 살아남을 수 없습니다.

수동 조준으로 정확히 명중시키지 못한다면, 총알을 아껴두는 편이 좋습니다. 특히 적과 멀리 떨어져 있을 때에는 브롤러의 무기를 발사할 최적의 기회를 기다리세요. 사정거리에서 조준 장치로 공격할 타이밍을 정하세요. 근거리에서는 브롤러의 공격을 수동으로 조준할 필요가 거의 없습니다. 그냥 적과 맞서서 싸우면 됩니다.

#5 - 직선 코스로 이동하지 않기

전투에서 브롤러를 조종할 때에는 이리저리 왔다갔다 예측하지 못하게 움직이세요. 갑자기 돌아서거나 방향을 바꿔가면서 최대한 예측하지 못하게 하세요. 일직선으로 움직이면, 적이 여러분을 조준하기가 훨씬 쉬워집니다.

또한 여러 가지 공격 기술을 바꿔 가며 연달아 사용하면 적이 여러분의 움직임을 예측하지 못하게 만들 수 있습니다. 공격 스킬을 적이 바로 알아챈다면, 적은 더 쉽게 전략을 세워서 반격할 수 있습니다. 적들은 언제 공격받을지 몇 발이 날아올지 알지 못하면, 그들 스스로 방어하기가 힘들어지기 때문입니다.

#6 - 다음 공격을 하기 전에 회복하기

피해가 심하다면, 공격이 재장전되기를 기다리지 말고 한 발이라도 쏠 수 있으면 최대한 빨리 발사하세요. 경우에 따라 다른 적과 마주치기 전에 후퇴해서 HP가 회복되고 공격이 완전히 재장전되기를 기다리는 편이 좋을 때도 있습니다. 브롤러는 공격할 때 HP를 회복할 수 없습니다. 이 점을 꼭 기억해 두세요. 위의 화면에서는 브롤러가 화면 중앙에 있는 덤불에서 스스로 치유하고 있는 것을 볼 수 있습니다.

#7 - 항상 덤불 확인하기

일반적으로 브롤러가 덤불에 숨어 있으면 보이지 않습니다. 힐러인 서포터와 한편이 아니라면, 덤불에 숨는 것이 브롤러의 체력을 가장 빨리 회복하는 방법입니다. 당연히 적도 마찬가지입니다. 대부분의 전장에는 덤불이 있습니다. 근처에 적이 있는 것 같지만 보이지 않는다면, 가까이 있는 덤불에 한 방을 쏘면 적의 유무를 알 수 있습니다. 근거리 전투에 능한 브롤러를 조종하고 있다면, 처음 한 방은 덤불을 향해 발사하세요.

보통은 브롤러가 덤불에 숨어 있으면 절대 보이지 않습니다. 하지만 숨어 있는 덤불 속으로 적이 들어와서 가까이 다가올 수 있습니다. 게다가 숨어 있는 브롤러를 없애려고 덤불을 향해 겨냥한 적의 공격을 받기도 합니다.

몇 초간 전투를 피해 덤불에 들어가려고 한다면, 덤불 속에 들어가기 직전에 한 방을 쏘세요. 전장 어딘가에 적이 숨어 있는지 꼭 확인하세요. 위의 화면에서 마법사 발리를 조종하는 JasonRich7이 화면 오른쪽 위에 있는 덤불에 한 방을 쏴서 적이 숨어 있는지를 확인하고 있습니다.

쇼다운 이벤트에서 플레이할 때는 전투가 시작되자마자 파워 큐브가 든 상자를 부순 다음에 여러 적들이 서로 없애는 동안에 덤불에 숨어 있는 전략을 쓸 수 있습니다. 한두 팀이 전투에서 제거되면, 여러분이 우승할 확률이 높아집니다. 등수가 높으면 트로피를 잃지 않고 얻게 됩니다.

조종하는 브롤러가 덤불에 숨어 있는데 적이 가까이 오거나 덤불을 향해 발사한다면, 위치가 발각된 것입니다. 브롤러를 보호하거나 재빨리 후퇴할 준비를 하세요.

#8 - 각 전장에서 매복할 위치 찾기

많은 전장에는 브롤러가 자주 다니거나 목적지에 가려고 통과해야 하는 길고 좁은 길이 있습니다. 적을 무찌르는 방법 중 하나는 그런 장소에 적이 들어가기를 기다리는 것입니다. 적이 그곳으로 향하면 공격하세요. 아군과 함께 싸운다면, 안팎에서 기습할 수 있게 전략을 세우세요. 여러분의 브롤러를 한쪽 끝에 두고 아군을 반대쪽에 배치한 다음에, 양쪽에서 동시에 공격하세요.

전투 전에 맵을 연구해서 숨어서 기습하기 좋은 위치를 찾아보세요. 위의 전장에서는 왼쪽 위와 오른쪽 아래, 이렇게 두 곳이 적당합니다.

#9 - 브롤러 공격의 사정거리와 범위

모든 브롤러가 사용하는 무기나 전투 도구는 사정거리와 확산 범위가 정해져 있습니다. 사정거리는 브롤러의 공격이 얼마나 멀리 이동하거나 영향을 미칠 수 있는지를 말하며, 확산 범위는 탄약이 퍼지면서 공격 가능한 지형의 폭을 뜻합니다. 브롤러가 보유한 무기의 사정거리와 확산 범위를 알아 두면 공격을 개시할 최적의 장소를 찾는 데 좋습니다. 또한, 적군의 공격 능력을 알아 두면 여러분의 브롤러가 받는 피해를 줄일 수 있습니다. 적과 얼마나 멀리 떨어져 있어야 사정거리 안에 들지 않는지 알아 두세요.

위의 화면은 확산 범위는 좁지만 사정거리가 긴 무기의 경우를 보여 주고 있습니다.

초보자를 위한 35가지 브롤스타즈 전략

위의 화면은 확산 범위가 넓고 사정거리가 긴 무기의 경우를 보여 주고 있습니다.

모든 전장은 여러 개의 사각형 타일이 배치되어 있습니다. 사정거리가 짧은 근거리 무기나 공격으로는 타일 하나만 파괴할 수 있는 반면에, 투척 무기나 로켓 무기는 대여섯 개의 타일을 덮을 수 있습니다.

#10 - 이벤트와 전투에 따른 브롤러 선택하기

참가하고 싶은 이벤트를 선택했으면 전장을 결정하세요. 전장은 지형과 배경이 각각 다릅니다. 어떤 전장은 근거리 브롤러에게 유리하고, 또 다른 곳은 장거리 브롤러에게 유리합니다. 이벤트 챌린지와 전장에 따라 브롤러를 선택하세요. 지형물이나 장애물이 거의 없는 곳에는 장거리 브롤러를, 장애물이 많고 길이 복잡한 지형에서는 근거리 브롤러를 선택하세요.

인터넷에 접속해서 무료 브롤러 랭킹 웹 사이트를 방문해 보세요. 예를 들어, 게임위드 (GameWith.net, https://gamewith.net/brawlstars/article/show/2145)는 특정 이벤트와 전장에 가장 잘 맞는 브롤러의 순위를 매긴 사이트입니다. 이 정보는 슈퍼셀이 게임을 업데이트할 때마다 바뀌므로, 꼭 최신 정보를 확인하세요.

#11 - 나의 브롤러를 희생해서 아군 보호하기

젬 그랩의 목표는 세 명의 브롤러가 아군이 되어 보석 10개를 모아 15초간 보유해서 우승하는 것입니다. 여러분의 브롤러가 보석이 거의 없더라도 아군 중 한 명은 보석을 여러 개 갖고 있을 수 있습니다. 카운트다운이 시작되면, 가장 많은 보석을 가지고 있는 브롤러를 반드시 보호해야 합니다.

여러분의 브롤러는 패할지 모르지만, 이런 경우에는 아군이 이기는 것이 더욱 중요합니다. 때로는 여러분이 아군을 위해 희생할 필요가 있습니다. 대신 경기가 끝나면 그 보상으로 트로피와 토큰을 받습니다. 이 전략은 바운티 이벤트에서 플레이할 때에도 적용됩니다.

#13 - 물에 갇혀 있지 말기

많은 전장에서는 작은 물웅덩이를 여기저기서 발견할 수 있습니다. 어떤 물웅덩이는 길고 좁으며, 또 다른 물웅덩이는 L자 모양이거나 꼬불꼬불한 모양이기도 합니다. 물에 가까이 가면, 브롤러가 물을 건널 수 없다는 것을 알게 될 것입니다. 동시에 숨을 데가 하나도 없고 적의 공격에 무방비한 상태에 처합니다. 적에게 둘러싸여 꼼짝 못하는 상태에 놓이지 마세요. 등 뒤에 물이 있으면 후퇴하지 못해서 여러 방향에서 한 명 혹은 여러 적의 공격을 받을 수 있습니다. 위의 경우는 솔로 쇼다운 이벤트입니다. 곧 녹색의 독 구름이 빠르게 몰려가서, 등 뒤에 물웅덩이가 있는 브롤러를 꼼짝 못하게 할 것입니다.

위 그림에서 JasonRich7이 조종하는 브롤러는 현재 보석 12개를 보유하고서 화면 왼쪽 아래에 숨어 있는 아군을 지키고 있습니다.

#12 - 몇몇 전장 바닥에서 화살표 찾기

일부 전장 바닥에는 화살표가 있습니다. 브롤러가 화살표가 있는 바닥을 밟으면, 1~2초 후에 화살표 방향으로 던져집니다. 이 방법으로 특정 지역에 더 빨리 도달할 수 있습니다. 이런 화살표는 완벽한 타이밍을 잡아, 적이 알아차리기 전에 돌진해서 공격하는 작전을 펼칠 때 좋습니다. 위의 화면에서는 화면 오른쪽에 화살표가 있습니다.

초보자를 위한 35가지 브롤스타즈 전략

#14 - 파워 레벨과 랭크의 차이를 이해하기

항상 홈 화면이 뜨면 선택한 브롤러가 화면 중앙에 나오며, 브롤러 머리 위 배너에 랭크와 파워 레벨이 보입니다.

브롤러의 파워 레벨은 브롤러가 보유한 HP와 일반 및 특수 공격과 스타 파워로 얼마나 많은 피해를 입힐 수 있는지를 알려 줍니다. 전투에 참가하면, 주로 상자에서 발견하거나 상점에서 브롤러 전용 팩으로 구매한 파워 포인트로 브롤러의 파워를 끌어올릴 수 있습니다. 각 브롤러는 파워 레벨 9에 도달해야 스타 파워를 잠금 해제할 수 있으므로, 많은 파워 포인트를 획득하는 것이 좋습니다.

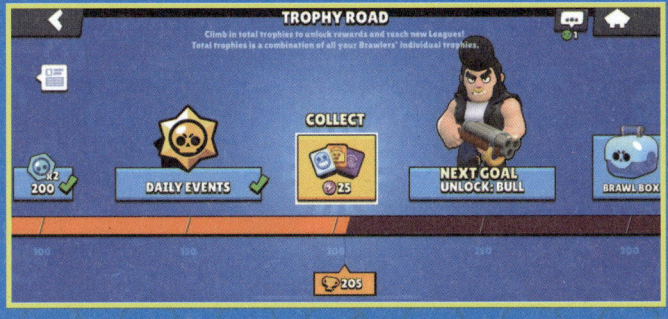

트로피 진척도를 따라 일정 단계에 도달할 때마다 파워 포인트 팩을 열어서 여러분이 잠금 해제한 브롤러에 적용할 수 있습니다. 위의 화면에서는 트로피 진척도에서 트로피 200 단계에 도달해서 파워 포인트 25개를 획득했음을 보여 주고 있습니다.

브롤러의 랭크는 수집한 트로피 개수에 따라 정해집니다. 트로피는 여러 이벤트에서 획득할 수 있습니다. 랭크는 그 브롤러를 조종하면서 얻은 트로피 개수를 보여 줄 뿐입니다. 파워 레벨와 마찬가지로 브롤러의 공격이나 방어 능력에 아무 영향을 미치지 않습니다.

#15 - 매일 다양한 이벤트를 잠금 해제하고 경험하기

매일 다른 이벤트를 잠금 해제할 기회가 생깁니다. 이벤트 선택 화면에서 신규 이벤트 버튼을 누르기만 해도 몇 개의 토큰을 수집할 수 있습니다. 새로 잠금 해제한 이벤트에서 이기면 스타 토큰 하나를 받을 수 있습니다.

스타 토큰 10개는 대형 상자 하나를 열 수 있어서 추가 브롤러를 잠금 해제할 기회가 높아집니다. 신규 이벤트가 나올 때마다 잠금 해제한 후, 전투에서 이기면 스타 토큰을 받게 됩니다.

주말에는 티켓 이벤트를 잠금 해제할 때마다 보너스 티켓 두 장을 받습니다.

티켓 이벤트에 참가하기 위해서는 티켓 한 장이 필요합니다.

위는 쇼다운 이벤트 모습입니다. 현재 남은 브롤러는 여섯 명입니다. JasonRich7이 조종하는 브롤러는 다른 브롤러가 서로 싸우는 동안에 덤불 지대에 숨어 있습니다.

각각의 이벤트 배너에서 왼쪽 위에 있는 스타 토큰 아이콘은 해당 이벤트를 선택해서 이기면 스타 토큰을 얻는다는 뜻입니다. 이벤트 배너의 오른쪽 위에 있는 타이머는 다음 신규 이벤트가 열리는 데 남은 시간을 알려 줍니다. 위의 화면에서 쇼다운, 하이스트, 브롤 볼 이벤트에는 얻을 수 있는 스타 토큰이 있습니다.

#16 - 솔로 쇼다운 이벤트를 이용해서 트로피 획득하기

초보자가 새로 잠금 해제한 브롤러를 업그레이드하는 쉬운 방법 중 하나는 솔로 쇼다운 이벤트를 선택한 다음에 적들이 서로 공격하는 동안에 전장 구석과 덤불 속에 숨어 있는 것입니다.

JasonRich7(화면 중앙 근처)이 조종하는 브롤러는 독 구름이 접근한다면 다른 덤불로 옮기는 것이 좋습니다. 전장에는 네 명의 브롤러만 남아 있습니다.

쇼다운에서는 5등 안에 들면 트로피를 얻게 됩니다. 그리고 4등 안에 들면 스타 토큰을 같이 얻을 수 있습니다. 이 전략을 쓰면서 근처에 적이 없을 때 상자 몇 개를 부숴서 열면 됩니다. 아니면 전투가 끝날 때까지 움직이지 말고 가만히 있다가 마지막까지 남은 적을 무찌르세요. 그럼 최종적으로 1등이 됩니다.

이 브롤러는 한 번도 안 싸우고 덤불 속에 숨어 있기만 했는데도, 전투에서 트로피 6개를 얻고 랭크 3위에 올랐습니다.

게임 스킬을 늘리는 더 공격적인 전략은 솔로 쇼다운 이벤트를 선택해서 전투가 시작하자마자 전장 중앙으로 이동한 뒤에 그 자리를 지키는 것입니다. 최대한 많은 상자를 부수되, 적어도 전투가 끝날 때까지는 적과 교전하지 않는 편이 좋습니다. 이렇게 해서 5등 안에 들면 트로피 획득할 수 있습니다.

#18 - 공격한 후 재빨리 후퇴하기

어떤 브롤러를 조종하든지, 적에게 가까이 접근할수록 공격으로 더 많은 피해를 입힐 수 있습니다.(물론 예외가 있습니다.) 공격하는 동안에 최대한의 피해를 주려면, 이동하며 공격한 후 적이 아직 패하지 않았으면 재빨리 후퇴해서 적과 거리를 두는 것입니다. 몇 가지 예외가 있지만, 적과의 거리가 멀어질수록, 적이 가하는 피해도 줄어들 뿐만 아니라 자신의 공격을 재장전할 시간도 생깁니다. 정확하게 적을 공격하려고 수동 조준을 쓰려면 정확한 타이밍을 잡는 연습이 필요합니다.

#17 - 벽 뒤에서 적을 유인할 기회 엿보기

벽 뒤에 안전하게 숨어 있더라도 적이 접근할 때마다 잠깐씩 밖을 엿보면, 여러분의 브롤러는 노출될 수 있습니다. 적이 벽을 뚫을 정도의 공격력이 없다면, 적이 공격할 때 벽 뒤로 숨어 버리세요. 그리고 적이 가능한 많은 탄환을 써 버리도록 하세요. 적이 공격을 재장전할 때 벽 뒤에서 나와 적극적인 공격을 펼치세요.

장거리 무기를 지닌 브롤러를 조종하고 있을 때, 벽 뒤에 숨어 있다가 적이 다가오면 잠깐 나와서 한 방 쏘고서 공격을 피해 벽 뒤에 숨는 전략을 사용할 수 있습니다. 이 전략은 정확한 조준과 타이밍이 요구됩니다. 적이 가까이 올 때 여유가 있으면 벽 뒤로 후퇴하기 전에 두세 방을 연달아 쏘세요. 이 전략은 벽을 뚫을 수 없는 적을 공격하거나 반격할 거리에 있지 않는 근거리 무기를 지닌 브롤러를 공격할 때에 가장 효과가 좋습니다.

적이 쫓아올 때에는 적에게 돌진하지 말고 쏘면서 거리를 벌리세요. 적이 쫓아오면서 반격하더라도, 적과 멀어지면서 거리를 유지해야 합니다.

#19 - 댄싱 배우기

많은 게이머들은 다가오는 공격을 피하려고 빠르게 좌우로 움직이는데, 이러한 움직임은 적이 예측하기 쉽습니다. 이런 상황이 벌어지면, 무기를 쏘면서 적의 움직임을 그대로 따라하세요. "댄싱"이라고 부르는 이 방법은 한 번에 한 명의 적과 싸워서 이기는 데 아주 효과적입니다. 적의 움직임을 주의 깊게 보면서 완벽한 타이밍을 잡으려고 집중하세요. 그러면 여러분이 적과 동시에 움직여서 목표물을 맞히게 됩니다.

#20 - 한 명의 적을 집단으로 공격하기

서로의 능력을 잘 알고 있는 아군과 함께 전투할 때에는 한 명의 적을 궁지에 몰아넣은 다음에 아군과 함께 뭉쳐서 공격하세요. 뒤에 벽이나 물웅덩이가 있어서 적이 후퇴할 수 없는 상황에서 2 대 1이나 3 대 1 작전을 짜면, 누가 이길 확률이 높을까요? 이 전략을 효과적으로 사용하려면 적을 쉽게 몰 수 있는 장소를 찾아야 합니다. 그곳으로 적을 유인한 뒤에 합동 공격하면서 적을 궁지에 몰아넣으면 됩니다.

여러분과 아군 모두 장거리 무기를 보유하고 있으면, 특정 지역으로 적을 몰지 않고도 각기 다른 방향에서 적을 집단으로 공격할 수 있습니다. 만약 적이 다른 각도에서 공격해 오면, 피하기가 어렵습니다. 효과적으로 이 작전을 펼치려면, 아군들이 적의 위치에 따라서 적합한 위치를 선정한 뒤에 서로 도와야 합니다. 한 번에 하나씩 적을 추려내면 수적으로나 공격적으로나 적보다 우세하게 됩니다.

#21 - 적이 부활하는 곳 공격하기

3 대 3 이벤트에서 플레이할 경우에는 아군 한 명이 상대편 부활 지역을 지키고 있다가 적이 나가지 못하게 막아야 합니다. 적이 부활할 때 계속 공격해서 무찌르면 전장 어디로도 갈 수 없습니다. 그동안에, 아군들은 자유롭게 전장을 돌아다니며 이벤트 챌린지를 달성할 수 있습니다. 이 전략을 쓰려면, 적이 쉽게 후퇴하지 못하게 구석으로 몰아넣거나 뒤에 벽이나 장애물이 있는 곳에 자리잡는 것이 좋습니다.

초보자를 위한 35가지 브롤스타즈 전략

많은 게이머들은 한쪽 끝에서 반대쪽 끝으로 갈 때 전장 중앙으로 곧장 브롤러를 움직이는 경향이 있습니다. 이렇게 접근하면 적의 반격에 부딪히게 됩니다. 그러지 말고, 전장의 오른쪽이나 왼쪽 가장자리를 따라 이동하세요. 위의 화면에서 제시는 전장 왼쪽에서 위로 올라가고 있습니다.

#22 - 팀원과 함께 싸우며 적을 유인하기

이 전략은 아군과 미리 계획을 짜둬야 합니다. 한 명은 보이지 않게 덤불에 숨어 있다가 공격할 준비를 합니다. 그와 동시에 두 명은 그 덤불로 적을 유인합니다. 적이 가까이 오면, 2 대 1로 협공을 펼쳐서 적을 무찌르세요.

적을 유인할 때, 여러분이 초보자처럼 보이도록 하는 것도 방법입니다. 아무 방향이나 한두 방을 쏘거나 브롤러가 어디로 갈지 모르는 것처럼 행동하세요. 지켜보던 적이 손쉽게 이길 수 있다고 여겨서 가까이 다가오면, 아군과 함께 다른 작전을 펼칠 수 있습니다.

#23 - 뒤에서 몰래 다가가기

벽이나 덤불 뒤에 숨어 있다 보면 적을 궁지에 몰아넣는 방법이 떠오를 수 있습니다. 공격하기에 가장 좋은 타이밍을 잡는 것입니다. 적이 몸을 돌려 맞받아 쏘기 전에 적어도 한두 방을 명중시키고 공격을 피해 숨을 태세를 갖추세요.

적을 몰래 공격할 수 있으면, 한동안 전략적으로 유리할 수 있습니다. 적이 다른 곳을 보고 있을 때 뒤에서 공격하세요. 위의 화면에서 팸은 달아나는 적을 향해 발사하며 공격을 취하고 있습니다. 또한 이 전략은 티켓 이벤트에서 보스 로봇과 마주쳤을 때에도 유용합니다.

#24 - 수시로 상자 열기

브롤스타즈에서 브롤러를 업그레이드하는 최고의 방법은 현금으로 구매하지 않고, 상자를 잠금 해제해서 여는 것입니다. 최대한 많은 트로피를 얻어서 트로피 진척도를 따라가다 보면, 브롤러를 잠금 해제해서 업그레이드하고 상자도 얻을 수 있습니다.

브롤러를 업그레이드하기 위해서는 상점에서 메가 상자를 구매하는 것도 좋은 방법이 될 수 있습니다. 상자를 열어서 받은 상품을 확인해 보세요.

매일 상점에서는 무료 상품을 제공합니다. **브롤스타즈**를 플레이할 생각이 없더라도 날마다 상점을 방문하여 그날의 무료 상품을 열어 보세요. 이날의 무료 상품은 칼의 파워 포인트 5개 입니다.

상점을 방문해서 무료 상품을 받은 다음에, 이벤트 선택 화면을 확인해서 신규 이벤트가 있다면 각각 잠금 해제하세요. 이벤트에 참가하지 않고, 그냥 잠금 해제만 해도 토큰 10개를 받게 됩니다.(토큰 100개로 브롤 상자 하나를 받을 수 있습니다. 티켓 이벤트를 잠금 해제하면 토큰이 아니라 티켓 두 장을 보상으로 받습니다.)

얻을 수 있는 토큰의 잔여 개수/
얻을 수 있는 토큰의 최대 개수

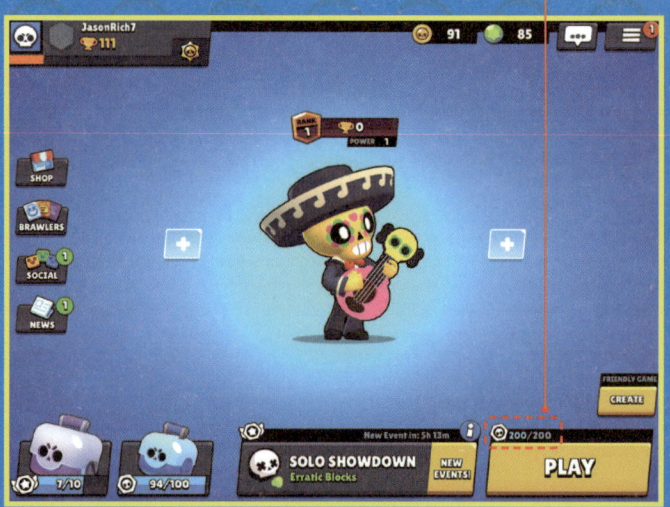

홈 화면의 플레이 버튼 위에는 현재 시간에 얻을 수 있는 토큰 개수가 나타납니다. 위의 경우에서는 토큰 200개가 있습니다. 토큰을 최대치까지 얻었으면 그 후에 플레이해서 이기더라도 토큰을 받지 못합니다. 트로피만이 아니라, 전투에서 승리한 후 트로피와 토큰을 둘 다 얻는 편이 더 좋습니다.

#25 - 항상 최고의 상품을 제공하는 티켓 이벤트

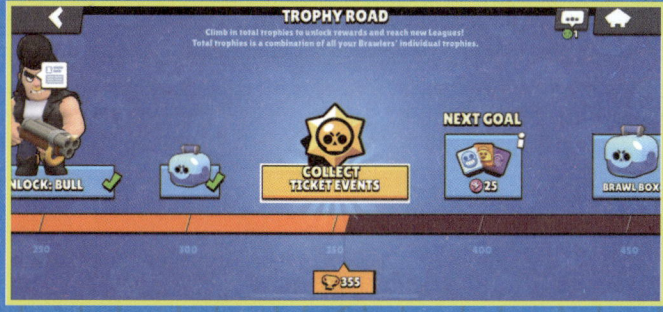

트로피 350개를 모아 티켓 이벤트를 잠금 해제한 다음에, 여러 이벤트 중에서 한 곳에 참가해 보세요.

티켓 이벤트에 참가할 때에는 항상 티켓 한 장이 필요합니다.

티켓은 한두 장을 한 번에 무료로 획득할 수 있고, 티켓 팩을 상점에서 보석으로 구매할 수 있습니다. 위의 경우, 특별 상품으로 티켓 30장을 보석 29개로 구매할 수 있습니다.

티켓 이벤트는 우승하기가 어려운 만큼 보상이 대단합니다. 게임 스킬이 완벽해질 때까지는 티켓을 구입하지 말고 무료로 받은 티켓을 활용하세요. 무료 티켓을 꾸준히 이용해서 티켓 이벤트에서 이기면, 이후에 보석으로 더 많은 티켓을 사세요. 이길 확률도 높고, 좋은 상품을 획득할 확률도 높아집니다.

어떤 티켓 이벤트에서는 3명의 브롤러와 팀을 짜서 하나의 보스 로봇과 컴퓨터가 조종하는 보스의 로봇 군대와 싸우게 됩니다. 보스는 HP가 (250,000HP부터 시작해 상승함.) 아주 큰 대형 로봇이라서 무찌르는 데 시간이 많이 걸립니다. 이런 전투에서 많이 이길수록, 보스 로봇도 무찌르기가 더 힘들어집니다.

티켓 이벤트에서 보스 로봇과 싸우고 있다면, 보스 로봇의 행동이 점점 달라진다는 것을 발견할 것입니다. 각각의 변화로 인해 보스 로봇은 좀 더 격렬하고 빠르게 반격하기 시작합니다. 전투하는 시간이 길어질수록, 로봇 군대도 물리치기가 더 힘들어지며 더 많은 피해를 입힐 수 있습니다. 여러분이 보스 로봇을 더 빨리 무찌를수록 좋습니다.

보스 로봇이 번쩍하며 빨간색으로 변하면 충전되어 공격에 나서겠다는 뜻입니다. 이런 공격은 피하는 것이 좋습니다. 그러니 불빛이 번쩍거리기 시작하면 피해야 합니다. 보스가 사용하는 레이저 빔 공격은 많은 피해를 입힙니다. 보스 로봇의 움직임과 공격 패턴을 익혀야 피할 수 있습니다.

보스 로봇을 뒤에서 공격하는 것이 정면에서 공격하는 것보다 안전합니다. 두 명의 근거리 브롤러와 한 명의 장거리 브롤러로 아군을 구성하면 보스 로봇을 물리치기가 쉬워집니다. 스타 파워를 보유한 브롤러가 있다면 이 전투에서 더 쉽게 이길 수 있습니다.

보스 로봇과 싸울 때 근거리 브롤러로 불을 선택하면 좋습니다. 그 이유는 불이 돌격할 수 있기 때문입니다. 불은 아군 중 한 두 명이 제거되더라도 그들이 부활할 때까지 전장을 빠르게 돌아다니면서 로봇 군대의 공격을 피하고, 시간을 벌 수 있습니다. 전투가 후반부로 갈수록 보스 로봇이 지형물을 파괴시켜서 숨을 곳이 적어진다는 점을 기억하세요.

적의 공격을 피하면서 그들이 특수 공격을 재충전하지 못하게 만드세요. 특수 공격은 공격에 성공해서 목표물을 맞혔을 때만 재충전할 수 있습니다.

브롤러의 공격을 수동으로 조준하면, 목표물을 맞힐 확률이 더 높아지기 때문에 특수 공격을 더 빠르게 재충전할 수 있습니다.

#26 - 적의 공격을 피하는 법 배우기

공격을 피하는 가장 쉬운 방법은 각 브롤러의 공격 패턴을 미리 파악하는 것입니다. 장거리 파이터와 맞설 때, 근거리 공격으로 돌진했다가 다시 거리를 유지하세요. 거리를 두면 적의 접근을 미리 예측할 수 있어서 안전한 곳으로 빠르게 이동하거나 벽 뒤로 숨을 수 있습니다. 근거리 파이터와 싸울 때 가장 쉽게 공격을 피하는 방법은 적이 가까이 오지 못하게 하는 것입니다. 적군 브롤러가 가진 고유의 공격 능력과 행동 패턴을 알면 여러분의 브롤러를 지키는 데 도움이 됩니다.

#27 - 아군과 너무 가까이 붙어 있지 말기

두세 명의 브롤러가 서로 가까이 붙어서 함께 싸우는 전략은 흔합니다. 하지만 서로 보호하면서 적에 맞서 2 대 1이나 3 대 1로 협공을 펼치고 싶을 때에는 너무 가까이 붙어 있으면 좋지 않습니다. 어떤 브롤러는 넓은 공격 범위를 가지고 있습니다. 다시 말해서, 총알이 넓게 퍼지면서 많은 곳으로 총알이 날아갑니다. 이럴 때 목표물들이 서로 가까이 붙어 있으면 동시에 맞힐 수 있습니다. 전장은 넓으니까 서로 떨어져서 넓은 공간을 활용하세요.

이벤트 챌린지에 맞춰 아래에서 위로 올라가야 하는 경우, 한 명은 전장의 오른쪽, 다른 한 명은 왼쪽, 나머지 한 명은 중앙으로 이동해야 합니다. 젬 그랩 이벤트에서는 중앙에 있는 브롤러가 보석을 잡아야 합니다.

그래야 아군들을 회복시켜야 할 때 더 쉽고 빠르게 치유할 수 있습니다. 힐러가 아군과 너무 멀리 있어서 빨리 도달할 수 없으면 주요 임무를 수행할 수 없습니다.

#28 - 브롤러의 특수 공격 잘 사용하기

브롤러의 특수 공격은 한꺼번에 여러 브롤러에게 피해를 입힐 때 사용하는 것이 가장 좋습니다. 사용하는 특수 공격이 무기라면, 여럿의 적이 사정거리에 들어올 때까지 기다렸다가 사용합니다. 특수 공격이 아군을 치유하거나 도와주는 데 쓰인다면, 아군이 근처에 있을 때 사용해야 합니다.

위의 바운티 이벤트에서 팸이 활성화된 특수 공격으로 전장에 녹색의 힐링 원을 만들었습니다. 현재 모든 아군이 힘을 얻고 있습니다. 팸이 치유한 쪽은 별을 31개나 모은 반면에, 상대는 4개밖에 없습니다. 이벤트는 16초 후에 종료됩니다.

#29 - 별 또는 보석 지키기

젬 그랩처럼 10개 이상의 보석을 수집해야 하는 이벤트에서 브롤러가 보석을 모았다면 잘 지켜야 합니다. 보석을 여러 개 보유한 채 적을 공격하다가 죽으면, 브롤러는 갖고 있던 보석을 전부 잃고 부활해야 합니다. 그러면 전투에서 이기는 데 좋지 않습니다. 최소 4개의 보석을 모았으면, 가지고 있는 보석을 지키는 것에 집중하면서 공격을 줄이고 방어를 강화하세요. 이 원칙은 바운티처럼 별을 모아야 하는 이벤트에도 적용됩니다.

#31 - 맵을 스크린 숏하고 프린트하기

모든 전장의 지형과 배치를 파악하려면 시간이 걸립니다. 여러분은 전투에 참가한 전장의 일부만 볼 수 있습니다. 더 넓은 전장을 보고 전투에 적용하고 싶다면, 다음 단계를 참고하세요.

• 1단계 - 홈 화면에서 이벤트 버튼을 누르세요.

• 2단계 - 잠금 해제된 이벤트의 가운데 부분이 아니라 오른쪽 위에 있는 정보("i") 버튼을 누르세요.

#30 - 아군의 힐러를 중앙에 배치하기

포코와 팸 또는 진과 같은 힐러가 해야 할 가장 중요한 일은 팀 전투에서 아군을 치유하는 것입니다. 이때 이들은 전장 중앙이나 아군 틈에 있어야 합니다.

- **3단계** - 이벤트 정보 화면에서 오른쪽에 보이는 맵의 개요를 스크린 숏으로 찍으세요. 포토 앱에서 스크린 숏을 선택한 후에 프린트하세요.

- **4단계** - 그 맵에서 전투하면서 벽, 덤불, 물웅덩이 등이 어디 있는지 찾아봐야 할 때 프린트를 참조하세요. 예를 들어 원하는 곳으로 가는 최적의 경로를 결정하거나 숨거나 공격할 장소를 찾을 때 활용할 수 있습니다. 동일한 전장에서 여러 차례 전투를 하다 보면 맵을 외울지도 모르지만, 그전까지는 맵을 프린트해서 전투에 참조하는 것이 좋습니다.

전장 선택하기

다음의 예는 젬 그랩, 쇼다운, 하이스트, 바운티, 브롤 볼, 시즈 팩토리 등 8가지 전장의 모습을 보여 주고 있습니다. 다음의 맵 중에서 현재 변화된 것도 있습니다.

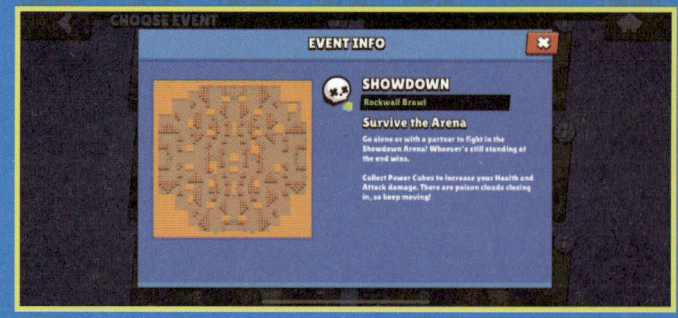

위의 맵은 쇼다운 이벤트의 전장입니다.

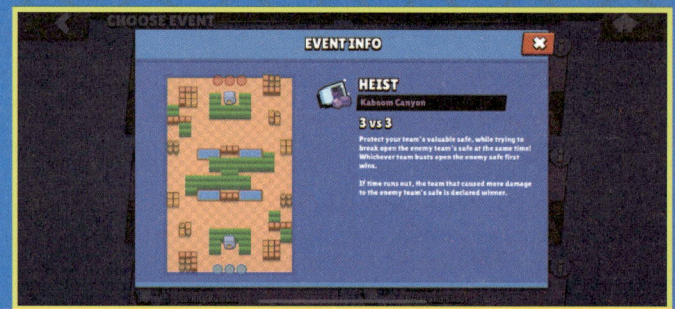

위의 맵은 하이스트 이벤트의 전장입니다.

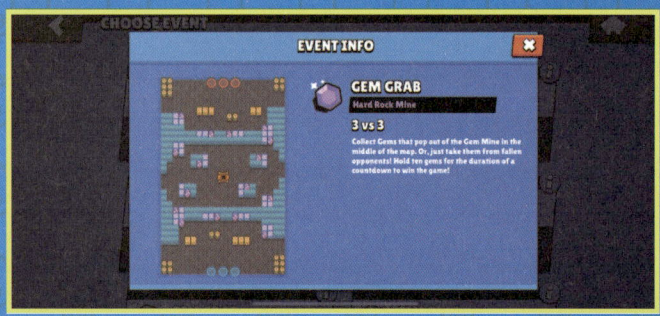

위의 맵은 젬 그랩 이벤트의 전장입니다.

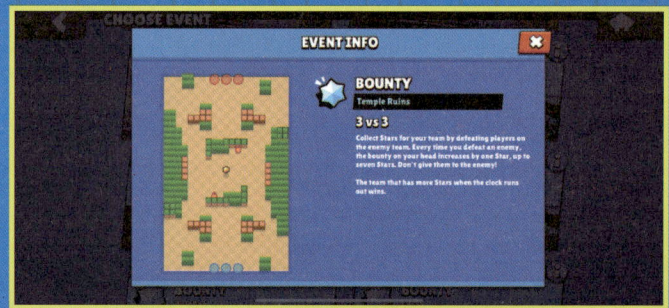

위의 맵은 바운티 이벤트의 전장입니다.

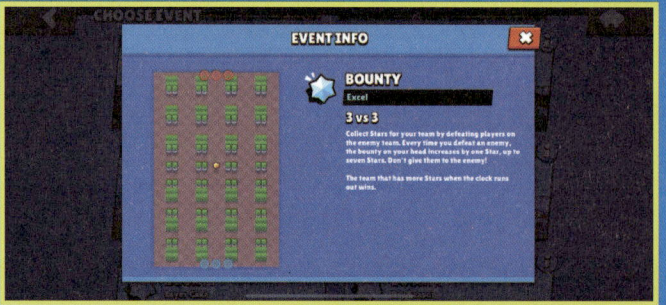

위의 맵은 바운티 이벤트의 전장입니다.

초보자를 위한 35가지 브롤스타즈 전략

위의 맵은 시즈 팩토리 이벤트의 전장입니다.

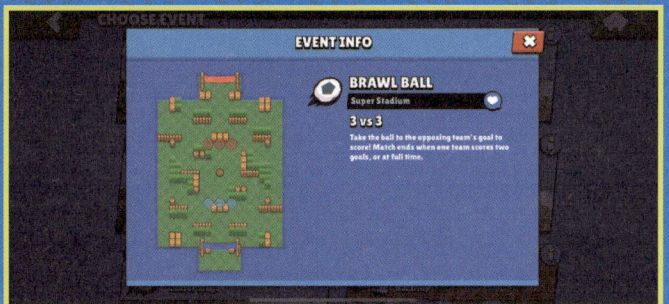

위의 맵은 브롤 볼 이벤트의 전장입니다.

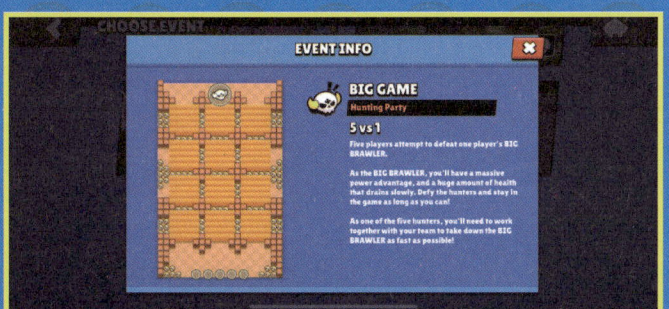

위의 맵은 티켓 이벤트인 빅 게임의 전장입니다.

#32 - 필요시 벽 파괴하기

어떤 브롤러를 조종하느냐에 따라 다르지만, 브롤러가 벽이나 장애물을 통과하지 못하는 장거리 무기를 보유하고 있으면 앞에 있는 방해물을 파괴하고 싶어집니다. 그러면 숨거나 적의 공격을 피할 곳은 줄어들지만, 근거리 브롤러가 가까이 접근하기 전에 멀리서 보고 공격할 수 있어서 근거리 브롤러에게 불리해집니다.

아군들의 브롤러가 지형물을 파괴할 능력이 없으면, 전투가 시작되기 전에 전략을 미리 세워서 서로 협력해야 합니다.

#33 - 녹색의 독 구름 피하기

어떤 이벤트에서는 전투가 시작되면 전장 가장자리에서 녹색의 독 구름이 생기는데, 이 구름들은 전장 가운데로 천천히 영역을 넓혀갑니다. 그렇기 때문에 생존한 브롤러들은 전장 중앙으로 몰리게 되고, 서로 싸우게 됩니다. 적들이 서로 무찌를 때까지 덤불 지대에 숨어 있을 계획이라면, 독 구름의 움직임을 계속 지켜봐야 합니다. 그리고 독 구름이 다가오면 구름을 피해 이곳저곳으로 움직여야 합니다. 이때 어떤 적도 눈치채지 못하게 하면서 제대로 움직인다면, 두세 명의 브롤러만 남는 전투의 후반부까지 공격받지 않고 생존할 수 있습니다. 트로피를 가장 많이 얻기 위해서라도 최대한 오래 살아남으세요.

덤불 지대가 전장 중앙에 가까울수록 적에게 들키지 않고 더 오래 독 구름을 피할 수 있습니다. 브롤러는 독 구름에 갇힐 때마다 초당 HP가 소진되므로 피하는 것이 최선입니다.

1~2초 정도의 짧은 접촉은 독 구름을 떠나면 쉽게 회복되지만, 독 구름에 오래 있으면 전투에서 제거되거나 구름 속을 빠져나오는 데 오래 걸려서 적의 공격을 정면으로 받을 수 있습니다.

#34 - 친선 게임을 할 때 이벤트와 맵 선택하기

친선 게임에서는 임의로 팀을 정하지 않을 거라면, 온라인 친구를 초대해서 아군과 적군을 선택하고 특정 브롤러로 전투 연습을 할 수 있습니다. **브롤스타즈**의 이벤트와 맵은 원하는 종류를 선택할 수 있습니다. 또한 친선 게임에서는 아직 잠금 해제하지 못한 이벤트와 맵을 미리 볼 수 있습니다.

#35 - 젬 그랩에서 아군 지원하기

젬 그랩은 3인조 브롤러 팀에 속해야 하는 이벤트 중 하나입니다.

보석 수집보다 전투에 관심이 더 많다면, 장거리 무기를 보유한 브롤러를 선택해서 보석이 나오는 곳이 사정거리 안에 들도록 브롤러를 배치하세요. 가능하다면 덤불 속에 숨어 있어도 좋습니다. 적군 브롤러가 보석이 나오는 곳으로 접근하면 공격을 개시하세요. 적을 무찌르면, 적이 들고 있던 보석이 떨어져서 아군 브롤러가 잡을 수 있습니다. 이렇게 아군이 보석을 잡는 보석 수집 임무를 하는 동안에 적과의 거리를 유지하며 아군의 진영을 계속 지켜야 합니다.

보석 수집 임무를 맡은 브롤러는 보석을 다섯 개 이상 획득했다면, 보유한 보석을 지키기 위해 뒤로 물러나 숨어야 합니다. 나머지 아군들이 필요한 보석을 수집하게 하세요. 보석을 10개 모았으면, 너무 욕심 부리거나 방심하지 마세요. 전투에서 우승하려면 보유한 보석을 15초 동안 지켜야 합니다. 보석을 가지고 있으면서 계속 싸우다가 지면, 가지고 있던 보석을 빼앗겨서 다시 찾아야 합니다. 이 전략은 하이스트나 바운티 이벤트를 할 때에도 적용됩니다.

5장
상점에서 제공하는 것

상점에서 제공하는 것

브롤스타즈에서 더 높은 단계로 올라가고 브롤러를 잠금 해제해서 업그레이드하려면, 상점에서 필요한 것을 구입하는 방법이 있습니다. 보석을 구매하려면 현금으로 구입해야 합니다. 그다음에 보석으로 브롤러의 외모를 바꿔 주는 스킨을 비롯해서 다양한 아이템을 구입합니다.

홈 화면에서 상점에 들어가려면 화면 왼쪽 위에 있는 상점 아이콘을 누르세요.

일일 상품 확인하기

상점에서는 날마다 특별 상품을 내놓습니다. 화면 왼쪽에 표시됩니다. 할인 가격에 파워 포인트, 티켓, 보석을 구매할 수 있습니다. 위의 경우는 보석 39개로 모든 브롤러에도 적용되는 파워 포인트 팩 220개를 구입할 수 있습니다.

상점을 방문해서 오른쪽으로 스크롤하면 일일 상품이란 배너가 보입니다. 이 상품은 매일 달라집니다. 일일 상품에는 무료로 얻을 수 있는 것이 있으니까, 매일 상점을 방문해서 꼭 받아 가세요.

일일 상품에는 특정 브롤러에 적용되는 파워 포인트 팩이 있습니다. 이런 상품은 보석이 아니라 코인으로 구입할 수 있습니다. 잠금 해제한 브롤러 전용 파워 포인트를 코인으로 구입하고 획득해서 해당 브롤러의 파워 레벨을 업그레이드합니다.

보통은 상점에 5가지 종류의 파워 포인트 팩이 있으며 내용은 늘 바뀝니다. 하나의 브롤러 능력만 최대로 끌어올리려고 하기보다는 잠금 해제한 모든 브롤러를 고르게 업그레이드하는 것이 좋습니다.

브롤러를 잠금 해제하고 싶을 때에는 일일 상품을 찾아보다가 임의의 브롤러를 구입하는 것도 방법 중 하나입니다. 위의 경우는 상점에서 희귀 브롤러를 보석 350개의 일일 상품으로 내놓았습니다. 구매 후 잠금 해제했더니 그 브롤러는 바로 타라였습니다.

파워 포인트로 브롤러 업그레이드하는 법

파워 포인트를 얻거나 구입한 후에 브롤러를 업그레이드하려면 상점을 나가 홈 화면으로 돌아가세요. 그리고 브롤러 아이콘을 누르면 됩니다.

브롤러의 파워 레벨을 업그레이드할 수 있으면, 초록색의 업그레이드 버튼이 생깁니다. 위의 화면에서는 대릴의 업그레이드가 가능합니다.

상점에서 제공하는 것

엘 프리모의 정보 화면에서 오른쪽 아래를 보면, 코인 480개로 업그레이드해서 파워 레벨 7로 올릴 수 있다는 것을 알 수 있습니다. 파워 포인트를 충분히 모아 파워 레벨을 더 높이 업그레이드할수록, 다음 레벨로 업그레이드할 때 더 많은 코인이 필요합니다.

다음 파워 레벨로 업그레이드될 때, 브롤러의 HP와 일반 및 특수 공격이 얼마나 되는지 알아본 다음에 업그레이드 버튼을 누르세요. 코인을 지불하고 업그레이드할 수 있습니다.

상점에서 특별 보너스를 받을 확률을 알려면 일단 대형 상자나 메가 상자를 눌러 보세요. 위의 화면에서 구매 확인 창이 나타난 것을 볼 수 있습니다. 그 창에서 왼쪽 위에 보이는 정보 ("i") 아이콘을 누르세요.

대형 상자와 메가 상자 구매하기

토큰은 브롤 상자를 획득하고 여는 데 사용됩니다. 전투에서 이기거나 이벤트에서 챌린지를 달성하면 토큰을 얻게 됩니다. 스타 토큰 10개를 모아야 대형 상자를 열 수 있습니다. 상점에서 보석 30개로 대형 상자를, 보석 80개로 메가 상자를 구입할 수 있습니다. 특별 할인가로 나오기도 하므로 가끔씩 특별 상품에 상자가 있는지 찾아보세요.

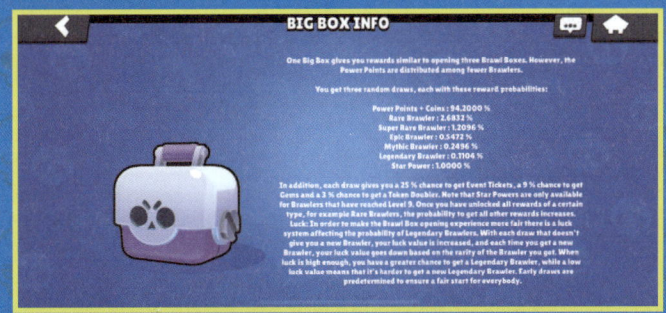

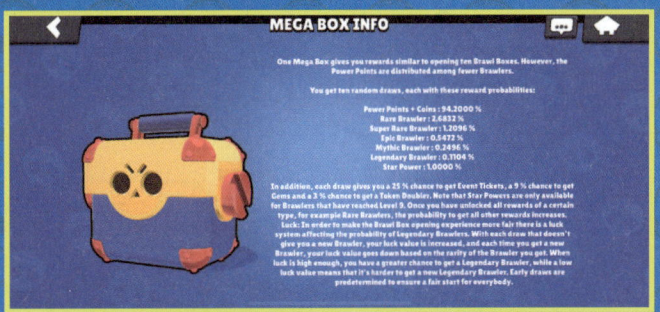

대형 상자나 메가 상자의 정보 화면은 상자를 열면 받을 수 있는 내용을 알려 줍니다. 파워 포인트와 코인, 희귀 브롤러의 잠금 해제, 초희귀 브롤러의 잠금 해제, 영웅 브롤러의 잠금 해제, 신화 브롤러의 잠금 해제, 전설 브롤러의 잠금 해제, 스타 포인트의 잠금 해제 등이 얼마의 확률로 얻어지는지 알 수 있습니다.

보석으로 화면에 나온 상자를 열고 싶으면 구매 확인 창에서 초록색 버튼을 누르면 됩니다.

스타 포인트로 스킨 구매하기

상점을 방문해서 오른쪽으로 스크롤하세요. 스타 상점이란 배너 아래에 특정 브롤러 전용 스킨이 상품으로 나와 있습니다. 이 상품은 스타 포인트로만 구매할 수 있습니다. 상점에서 구매할 수 있는 스킨은 매일 바뀝니다.

토큰 더블러 구매할 때 고려할 점

위의 경우 보석 50개로 토큰 더블러를 구매할 수 있습니다. 토큰 더블러가 있으면 참가한 이벤트에서 우승하고 토큰 1000개를 받으면, 두 배를 더 받을 수 있습니다. 토큰 더블러가 활성화된 시간 동안 토큰을 두 배로 얻어서 브롤 상자를 더 많이 열 수 있습니다.

브롤 상자, 대형 상자, 메가 상자에서 얻는 보상은 신규 브롤러, 브롤러 스킨, 특정 브롤러 전용 파워 포인트 팩, 토큰 팩, 코인 팩, 티켓 팩 등이 포함됩니다. 상자를 많이 열면 트로피 진척도에서 브롤러를 잠금 해제할 때까지 기다리거나, 별도로 구매하지 않고도 신규 브롤러를 잠금 해제할 확률이 더 커집니다.

상점에서 보석 팩 구매하기

상점에서 오른쪽으로 스크롤하면 보석 팩이 보입니다. 현금으로 구매할 수 있는 여러 가지 크기의 보석 팩이 들어 있습니다. 더 큰 팩을 구매할수록, 할인율은 커집니다.

보석 팩의 가격

보석 개수	보석 팩 가격
30	2,500원
80	5,900원
170	12,000원
360	25,000원
950	65,000원
2,000	119,000원

상점에서 제공하는 것

보석으로 코인 팩 구매하기

보석으로 코인 팩을 구매할 수 있습니다. 코인은 상점에서 파워 포인트를 사는 데 쓰입니다. 보석 20개로 코인 150개를, 보석 50개로 코인 400개를 각각 구매할 수 있습니다. 코인 1,200개의 비용은 보석 140개입니다.

홈 화면에서 트로피 진척도의 배너가 노란색으로 변하면, 새로운 단계에 도달해서 잠금 해제할 준비가 되었다는 뜻입니다.

쇼핑 끝내고 전투 시작하기

상점을 나가려면, 오른쪽 위에 있는 홈 화면이나 왼쪽 위에 있는 "<" 아이콘을 누르세요.

홈 화면에는 현재 사용 가능한 스타 포인트, 코인, 보석의 개수가 화면 위쪽에 표시됩니다. 티켓 이벤트를 잠금 해제해서 티켓을 모으거나 구매하면, 위의 화면처럼 현재 가능한 티켓의 개수도 화면 위쪽에 표시됩니다.

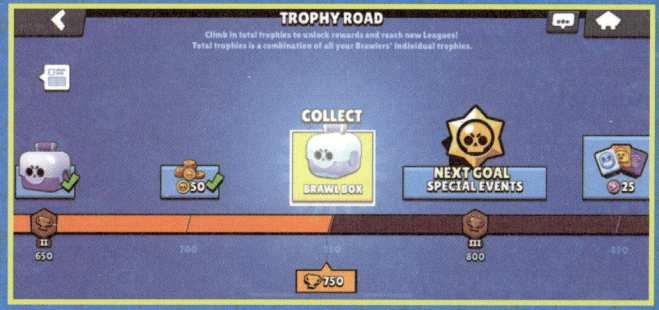

전투에서 조종한 브롤러가 각각 이벤트에 참가해서 얻은 총 트로피 개수만큼 트로피 진척도를 나아갈 수 있습니다. 트로피 진척도의 특정 단계에 도달하면, 상품을 얻게 됩니다.

트로피 진척도에서 보상 받기

홈 화면에서 왼쪽 위에 보이는 트로피 카운터를 눌러서 트로피 진척도에 들어가 보세요.

최강 브롤러 전략 가이드북

다음 표는 트로피 진척도를 따라 특정 단계에 도달하면 무료로 잠금 해제되는 8가지 브롤러를 보여 줍니다.

* 슈퍼셀은 **브롤스타즈**에 계속해서 신규 브롤러를 도입하고 있으며, 일부 브롤러는 트로피 진척도에서 잠금 해제될 수 있습니다.

필요한 트로피 개수	잠금 해제되는 브롤러*
10	니타
60	콜트
250	불
500	제시
1,000	브록
2,000	다이너마이크
3,000	보
4,000	틱

위의 그림에서 트로피 500개를 모아 트로피 진척도의 상품 중 하나인 제시가 잠금 해제되고 있습니다. 트로피 진척도를 따라 특정 단계에 도달하면, 브롤 상자, 신규 이벤트의 잠금 해제, 브롤러 추가, 코인 팩, 파워 포인트 팩, 기타 상품 등을 받을 수 있습니다.

6장
온라인 클럽에 가입해서 채팅하기

온라인 클럽에 가입해서 채팅하기

다른 게이머와 함께 **브롤스타즈**를 할 때는 두 가지 방법이 있습니다. 첫 번째 방법은 여러분과 아슬아슬한 승부를 벌일 수 있는 임의의 게이머를 만나서 게임을 하는 것입니다. 이 경우, 여러분은 아군과 적군이 될 게이머를 직접 선택할 수 없을 뿐만 아니라 그들이 조종하는 브롤러를 선택할 수도 없습니다.

두 번째 방법은 참가하려는 **브롤스타즈** 이벤트에 맞춰 아군과 적군이 될 게이머를 선택하는 것입니다. 게이머를 찾는 데는 여러 방법이 있으며 그들과 교류할 수 있습니다.

이름 정하는 방법

브롤스타즈를 하는 모든 게이머는 사용할 이름을 비롯해서 무료 온라인 계정을 만들어야 합니다. 이를 통해 게임에서 사람들이 여러분을 알아볼 수 있습니다. 개인 정보 보호를 위해 실명을 쓰고 싶지 않다면, 독특하고 재미있으며 기억하기 쉬운 이름, 보는 사람에게 불쾌감을 주지 않는 이름을 짓습니다.

이름 바꾸는 방법

처음 **브롤스타즈** 계정을 설정한 후에는 무료로 단 한 번 이름을 바꿀 수 있습니다. 그 후에 이름을 바꾸려면 보석 60개가 필요하며, 최소한 3일을 기다려야 합니다.

브롤스타즈에서 이름을 변경하려면 다음 단계를 따르세요.

- **1단계** - 홈 화면에서 메뉴 아이콘을 누르세요.
- **2단계** - 설정 버튼을 누르세요.
- **3단계** - 설정 화면에서 이름 변경 버튼을 누르세요.
- **4단계** - 처음으로 이름을 변경한다면, 무료 변경 버튼을 눌러서 이름을 바꾸세요. 그렇지 않다면, 보석 60개 버튼을 누르세요.
- **5단계** - 이름 변경 화면에서 새 이름을 입력하라는 칸이 나오면, 사용하고 싶은 이름을 입력하세요. 개인 정보를 보호하고자 한다면 실명을 쓰지 않아도 됩니다. 그다음, 계속 버튼을 누르세요.
- **6단계** - 팝업 창이 뜨면 새로운 이름을 다시 입력하세요.
- **7단계** - "정말 이름을 변경하시겠어요?"란 메시지가 뜨면서, 새 이름이 나옵니다. 그 아래 칸에 "확인" 입력 후 확인 버튼을 누르세요.
- **8단계** - 이름 변경 후에 홈 화면으로 돌아오면, 새로운 이름이 화면 왼쪽 위에 표시됩니다. 그 이름은 앞으로 전투에 참가할 때 브롤러와 함께 표시되며 모든 게이머들이 그 이름을 보게 됩니다.

페이스북에 연결하기

이미 페이스북에서 활동해서 온라인 친구가 많다면, **브롤스타즈** 계정을 페이스북 계정과 연동해 보세요.

홈 화면에서 메뉴 아이콘을 누르세요. 그다음에, 설정 버튼을 누르면 설정 화면이 나옵니다. 설정 화면에서 페이스북 연동하기 버튼을 누르세요. 승인 창이 나오면, 계속 버튼을 누르세요. 두 계정이 연동되면, **브롤스타즈**에서 게임을 하는 페이스북 친구와 대화를 나눌 수 있습니다.

페이스북과 **브롤스타즈** 친구 중에서 누가 온라인에 접속 중인지 알려면 홈 화면에서 친구 아이콘을 눌러서 친구들과 채팅을 하거나 초대장을 보내면 됩니다. 친구 화면에서 위쪽에 있는 친구 탭을 누르세요.

친구 화면 왼쪽에는 페이스북과 라인 연동 버튼이 있습니다. 화면 오른쪽에는 온라인으로 접속한 페이스북 친구가 표시됩니다. 친구 목록을 눌러서 접속하면 친구를 각각 관리할 수 있습니다.

삭제 버튼을 누르면 그 친구가 없어집니다. 관전 버튼을 누르면 온라인 친구가 현재 참가하고 있는 전투를 볼 수 있고, 프로필 버튼을 누르면 친구의 **브롤스타즈** 프로필을 볼 수 있습니다.

라인에서 온라인 친구와 연결하기

설정에서 라인 연동 기능을 사용하면 **브롤스타즈** 계정으로 라인 계정에 연결할 수 있습니다. 그러면 **브롤스타즈** 친구 목록에서 라인 친구를 볼 수 있으며, 친구들도 여러분의 계정 정보를 볼 수 있습니다. 두 계정이 연동되면, 라인 친구에게 초대장을 보낼 수 있습니다.

라인은 전 세계 6억 명 이상이 활발하게 사용하는 무료 메신저 앱입니다.

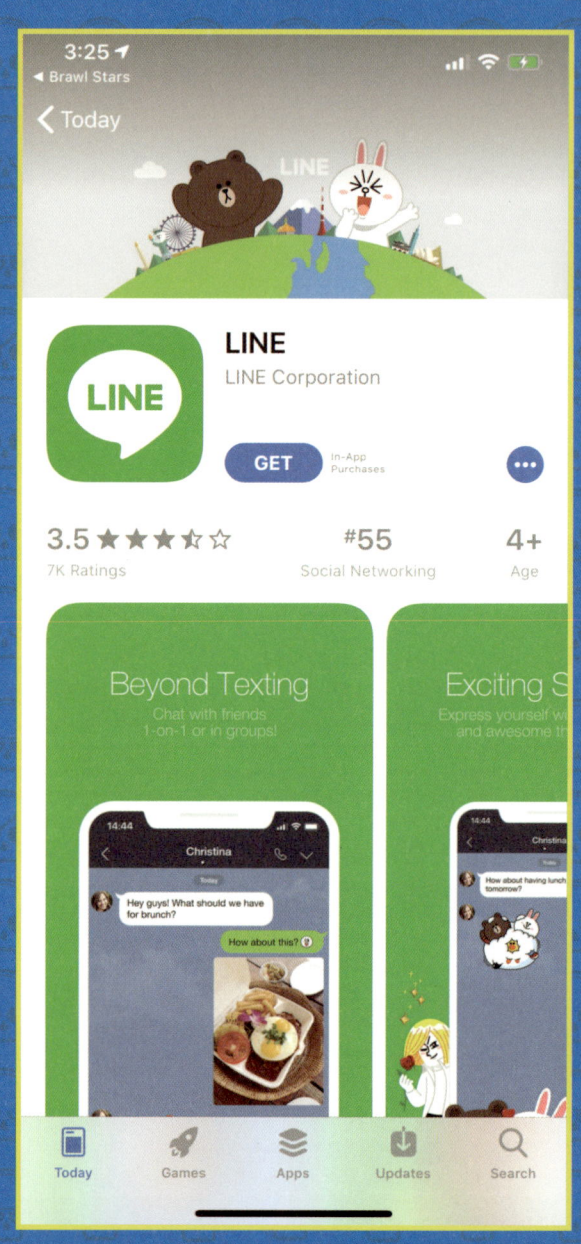

브롤스타즈와 라인 계정 연동은 처음 한 번만 연결하면 됩니다. 홈 화면에서 메뉴 아이콘을 누르세요. 설정 버튼을 눌러서 라인 연동하기 버튼을 누르면 됩니다. 연동을 위해서는 사용 중인 라인 계정에 접속된 상태여야 합니다.

온라인 클럽에 가입해서 채팅하기

팝업 창이 뜨면 라인 이메일 주소와 비밀 번호를 입력한 후 로그인 버튼을 누르세요. 아직 계정이 없다면, 무료로 모바일 기기에 라인 앱을 설치해 가입할 수 있습니다.

브롤스타즈 클럽에 가입하기

브롤스타즈 게이머라면 누구든지 무료로 온라인 클럽을 만들어서 회원을 모을 수 있습니다.
또한 게이머는 클럽에 가입해서 항상 다른 사람과 채팅하고 전투에 함께 참가할 수 있습니다.

클럽은 다른 게임의 "클랜"과 비슷합니다. 누구든 **브롤스타즈** 클럽에서 네 가지 중 한 가지 지위를 가질 수 있습니다. 대표 1명, 공동대표 1명, 장로와 멤버가 있습니다. 클럽을 만든 사람은 자동으로 대표가 됩니다. 최대 100명까지 한 클럽에 가입할 수 있습니다.

아무 클럽이나 눌러서 클럽과 클럽 회원에 대해 좀 더 알아보세요. 어떤 클럽은 비공개 또는 초대만 가능합니다. 유형에서 "공개"로 되어 있으면 가입 버튼을 누르기만 하면 누구나 클럽에 가입할 수 있다는 뜻입니다. 어떤 클럽은 가입하기 전에 미리 정한 트로피 개수를 얻어야 합니다. 필수 조건은 화면 왼쪽에 있는 가입 버튼 바로 위의 트로피 조건이란 부분에 표시됩니다.

홈 화면에서 클럽 버튼을 눌러서, 가입할 클럽을 찾아보세요. 위의 클럽 화면의 오른쪽에는 전체 플레이어 통계에 따른 추천 클럽 목록이 나열됩니다.

자신만의 클럽을 만들려면 클럽 화면에 접속해서 클럽 생성 버튼을 누르세요. 클럽 이름과 간단한 설명을 입력해야 합니다. 새롭고 기발한 이름을 생각해 보세요. 그다음에 배지 부분에서 검색 버튼을 눌러서 배지 디자인을 고르세요. 그리고 클럽 지역을 선택하세요.

신규 클럽 생성 화면에 있는 유형 중에서 "<" 또는 ">"를 눌러서 공개, 초대 한정, 비공개 중에서 원하는 클럽의 유형을 선택하세요. 트로피 조건에서 "<" 또는 ">" 아이콘을 눌러서 게이머가 클럽에 가입하기 전에 이미 보유하고 있어야 하는 트로피 개수를 정하세요.

유형을 공개로 설정하면 더 많은 게이머들이 클럽에 가입할 수 있습니다. 클럽을 만들자마자 많은 사람이 빨리 가입하길 원하면, 온라인 친구를 바로 가입시키세요. 그러면 처음부터 바로 많은 회원이 생겨서 클럽의 인기가 올라갈 수 있습니다. 게이머들은 회원이 적은 클럽에는 가입하고 싶어 하지 않습니다. 클럽에 더 많은 게이머를 참여시키고 싶다면 **브롤스타즈**를 하는 동안에 만났던 게이머들을 전부 초대하는 것도 한 가지 방법입니다. 그들 중 특히 뛰어난 스킬을 가졌던 게이머가 있다면 꼭 초대하세요.

클럽의 인기를 유지하려면 적극적으로 채팅해야 합니다. 여러분은 클럽 대표로서 공동대표와 장로가 정기적으로 글을 올리고 자연스럽게 대화를 나누게 만드세요. 회원들은 활발히 운영되고 재미있는 대화가 오가는 클럽을 선호하는 편입니다. 또한 회원들끼리 규칙을 준수하고 호의적이어야 하며 정중하게 서로를 대할 수 있게 합니다. 악의적인 말이나 사이버 폭력 또는 다른 사람의 게임 스킬을 심하게 비난하는 행위는 절대 허용하지 마세요.

초보자 또는 경험이 별로 없는 게이머와 함께 플레이하고 싶지 않다면, 클럽을 생성할 때 여러분이 축적한 트로피 개수와 비슷하게 트로피 조건을 설정하면 됩니다. 예를 들어, 어느 정도 실력 있는 게이머를 회원으로 확보하고 싶다면 트로피 조건을 400개 이상으로 설정하면 됩니다. 트로피 조건은 0~15,000개 중에서 선택할 수 있습니다. 신규 클럽 생성 과정을 끝냈으면, 생성 버튼을 눌러서 클럽을 설립합니다. 여러분이 **브롤스타즈** 게이머로서 레벨이 향상되면 언제든 클럽의 트로피 조건을 상향 조정할 수 있습니다.

클럽에 가입하면 사회적인 교류도 가능할 뿐 아니라 비슷한 능력을 지닌 게이머를 찾아서 같이 싸우거나 팀에 추가할 수 있습니다. 클럽이 생성되면 바로 가입 초대장을 보낼 수 있습니다. 그러려면 초대 공유 기능을 사용하세요.

초대 공유 기능은 문자나 이메일로 개인 초대장을 보내는 것으로, 초대장을 통해 클럽에 바로 연결할 수 있습니다. 트위터나 페이스북에 글을 게재할 수도 있습니다.

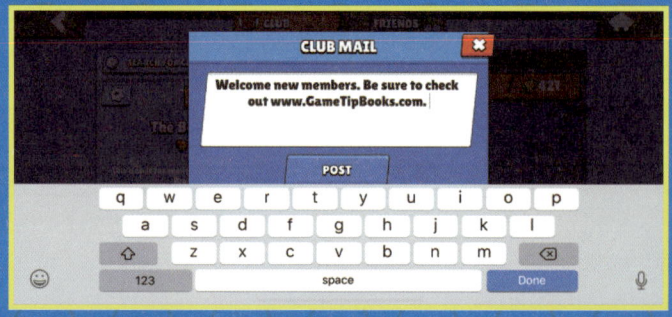

클럽 회원이 볼 수 있는 메시지 게시물을 만들려면, 클럽 관리 화면에서 확성기 아이콘을 눌러서 내용을 입력한 후 보내기 버튼을 누르면 됩니다.

팀 채팅에 참여하기

온라인에 있는 클럽 회원과 채팅하려면, 홈 화면에서 채팅 아이콘을 누른 다음에 화면 위에서 클럽 채팅을 누르세요. 메시지를 만들려면 화면 오른쪽 아래에 있는 말풍선을 누른 후에 내용을 입력하고 완료 버튼을 누르세요. 채팅에 접속한 모든 클럽 회원은 메시지를 보고 답할 수 있습니다.

클럽 채팅에서 활기차고 재미있게 대화를 이어가려면, 누구나 활발하게 참여하고 답할 수 있는 질문을 하세요. 다음은 게이머들의 관심을 유도할 수 있는 질문 예시입니다.

- 가장 좋아하는 브롤러는 누구이며 그 이유가 무엇인가요?

- 가장 좋아하는 이벤트 유형은 무엇이며 그 이유가 무엇인가요?

- 가장 좋아하거나 싫어하는 맵은 무엇인가요?

- 가장 좋아하는 브롤러 스킨은 무엇인가요?

- 보석 5000개가 생겼을 때, 상점에서 무엇을 사는 게 좋을까요?

- 상위 5위에 드는 브롤러가 누구라고 생각하나요?

- 하위 5위에 드는 브롤러는 누구라고 생각하나요?

- 하루에 **브롤스타즈**를 하는 평균 시간은? 하루 동안, 가장 오래 플레이했을 때 기록이 어땠나요?

- 만약 나만의 브롤러를 만들 수 있다면, 일반 및 특수 공격과 스타 파워로 어떤 기능을 넣고 싶나요?

클럽 채팅에서 다른 게이머와 채팅을 시작할 때 클럽 대표가 꼭 있을 필요는 없습니다. 클럽 회원이면 누구든지 온라인 친구를 초대해서 채팅할 수도 있습니다.

클럽 채팅은 공개된 공간입니다. 자신의 개인 정보를 알려 주지 마세요. 예를 들어, 진짜 이름, 주소, 학교 정보, 전화 번호, 기타 개인 정보를 알려 주지 마세요. 또한 온라인에서 만나는 사람에게 여러분의 **브롤스타즈** 계정 비밀번호를 절대로 알려 주지 마세요.

온라인 플레이어와 채팅하기

클럽에 가입하든 아니든, 여러분은 항상 **브롤스타즈** 앱에 있는 채팅 기능을 통해 임의의 게이머와 친구가 되고 그들과 한편일 때에는 온라인으로 채팅할 수 있습니다.

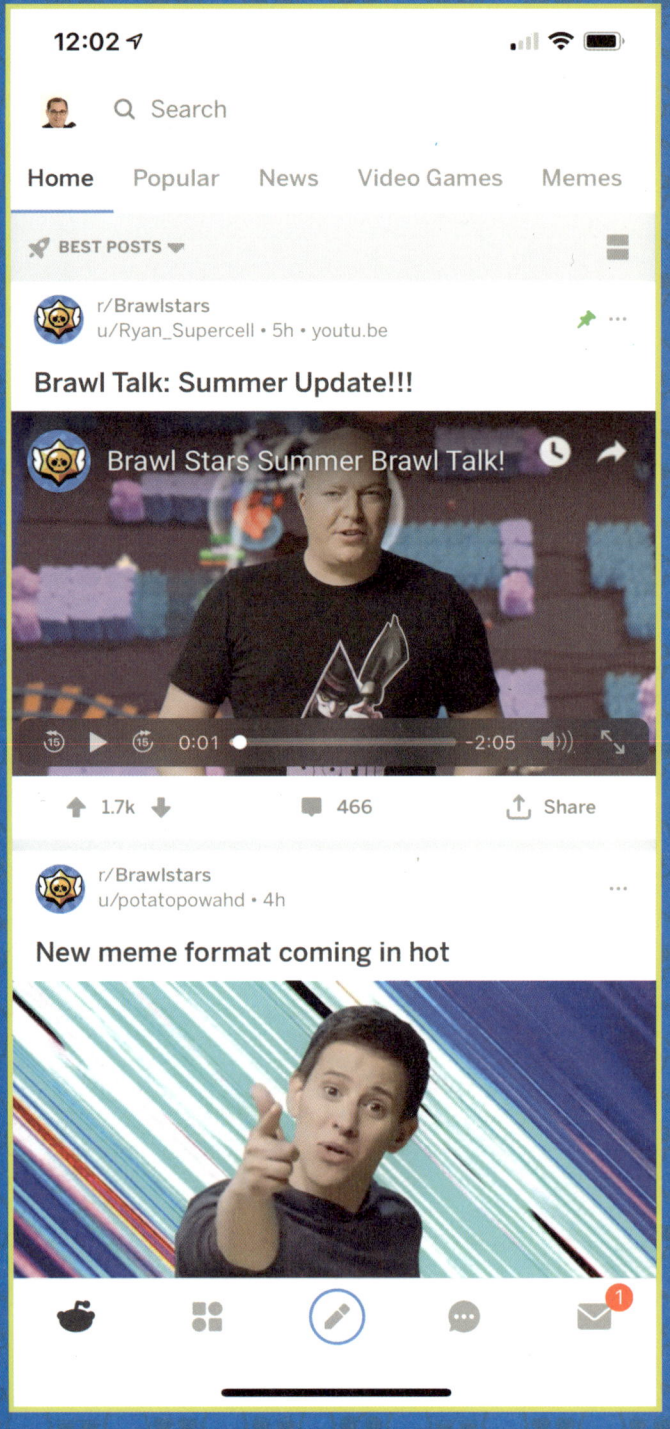

레딧에서 어떤 하위 그룹(/rBrawlRecuit)은 게이머들이 가입할 **브롤스타즈** 클럽을 찾거나 기존 클럽에서 새 회원을 초대하려 할 때 주로 이용합니다.

또 다른 하위 그룹(r/BrawlStarsCompetitive)은 **브롤스타즈** 전략을 공유하기 위해 이용합니다. 여기에서는 **브롤스타즈**에 관한 질문을 올리거나 자신만의 게임 팁과 전략을 다른 게이머와 공유할 수 있습니다.

레딧(www.reddit.com)에서는 r/Brawlstars에서 활동 중인 **브롤스타즈** 커뮤니티를 찾을 수 있습니다. 여기에 접속하려면 레딧 홈페이지를 방문하거나 레딧 모바일 앱을 무료로 다운받아서 설치하세요. 그다음에 레딧 계정을 무료로 만드세요.

7장
브롤스타즈 자료 공유

브롤스타즈 자료 공유

유튜브(www.youtube.com)와 페이스북 와치(www.facebook.com/watch)에서 "**브롤스타즈**"를 검색해서 많은 게임 관련 채널과 라이브 동영상과 비디오를 찾아보면 게임 스킬을 늘리는 데 도움이 됩니다.

브롤 TV 기능으로 게임 안에서 **브롤스타즈** 최고 게이머의 라이브 동영상을 볼 수 있습니다. 홈 화면에서 오른쪽 위에 있는 메뉴 아이콘을 누르세요. 브롤 TV 아이콘을 누른 후, "전 세계 톱 브롤러들의 플레이를 관전하세요!"란 메시지가 뜨면 보러 가기 버튼을 누르세요. 나가기 버튼을 누를 때까지 다양한 이벤트를 계속 볼 수 있습니다.

또한 **브롤스타즈**와 관련된 다음과 같은 온라인 자료를 꼭 확인해 보세요.

웹 사이트	특징	주소(URL)
애플 앱 스토어	아이폰이나 아이패드에 브롤스타즈 iOS 버전을 다운받아서 설치하세요.	apps.apple.com/kr/app/id1229016807
구글 플레이 스토어	안드로이드 기반의 모바일 기기에 안드로이드 버전 브롤스타즈를 다운받아서 설치하세요.	play.google.com/store/apps/details?id=com.supercell.brawlstars
게임위드(GameWith.net) 최고 브롤러의 순위	브롤러의 순위와 게임의 다양한 이벤트와 어떤 관련이 있는지 알아보세요.	gamewith.net/brawl-stars/article/show/ 2145
블루스택4(BlueStacks4)	윈도우 PC나 Mac에 블루스택으로 브롤스타즈의 안드로이드 버전을 컴퓨터에서 플레이하세요.	www.bluestacks.com
슈퍼셀의 공식 웹 사이트	슈퍼셀의 공식 웹 사이트에서 브롤스타즈에 관한 자세한 사항과 클래시 로얄, 붐비치, 클래시 오브 클랜 등 다른 모바일 게임도 알아보세요.	www.supercell.com

웹 사이트	특징	주소(URL)
슈퍼셀의 브롤스타즈 블로그	슈퍼셀의 공식 블로그에서 브롤스타즈에 관련된 최신 뉴스를 접하세요.	www.brawlstars.com
브롤스타즈 순위표	전 세계의 브롤스타즈 최상위 플레이어와 클럽의 실시간 목록을 확인해 보세요.	브롤스타즈를 시작하세요. 게임 화면에서 메뉴 아이콘을 누르고서 순위표를 누르세요. 플레이어나 클럽 통계를 보려면 특정 목록을 누르세요.
브롤스타즈 뉴스	브롤스타즈와 관련된 전략, 포럼, 뉴스를 제공합니다.	brawlstarsnews.com
브롤스타즈의 소셜 미디어 연결	공식적인 브롤스타즈 유튜브 채널, 페이스북 페이지, 레딧 피드 채널, 카페를 확인해 보세요.	• 공식 유튜브 www.youtube.com/channel/UCIJspSpzADMROqOW9HLHaoA • 공식 페이스북 www.facebook.com/BrawlStarsKorea/ • 공식 레딧 www.reddit.com/r/Brawlstars • 공식 카페 cafe.naver.com/brawlstars
제이슨 R. 리치의 웹 사이트	이 책을 쓴 저자와 그의 전략 가이드: 배틀 로얄, 배틀그라운드, 에이펙 레전드 등 다른 게임 서적도 자세히 알아보세요. 다른 주제로 쓴 책도 많이 있습니다.	jasonrich.com jasonrich.com/fortnite/ Twitter: @JasonRich7 Instagram: @JasonRich7 Facebook: @JasonRich7
코치 코리의 브롤스타즈 유튜브 채널	브롤스타즈와 관련된 모든 내용을 다루는 인기 있는 유튜브 채널입니다. 코치 코리의 유튜브 채널의 조회수는 4천 2백만 이상입니다.	youtube.com/channel/UCr8T8FRUsvJ5MU9idLoYKIA
테드 TV의 브롤스타즈 유튜브 채널	모바일 게임 전문 채널입니다. 대한민국 브롤스타즈 크리에이터로 유튜브 채널의 조회수는 5억 8천만 이상입니다.	youtube.com/channel/UC5pbeFWTPAUdKu65kBROsBg
JUNE의 브롤스타즈 유튜브 채널	모바일 게임 전문 채널입니다. 대한민국 브롤스타즈 크리에이터로 유튜브 채널의 조회수는 2억 4천만 이상입니다.	https://url.kr/3j4hhu

최신 업데이트 브롤러 소개

2020년 1월, 여러분이 잠금 해제할 수 있는 브롤러는 총 33개입니다. 물론 슈퍼셀은 계속해서 브롤러를 개발하기 때문에 앞으로도 더 많은 신규 브롤러들이 출시될 것입니다.

여기서는 이 책의 3장 브롤러 소개에서 언급하지 않은 나머지 6개 브롤러를 간단히 소개하려 합니다.

8비트(8-BIT)

주요 특징	아케이드 게임기에 다리가 달렸습니다! 블래스터 빔으로 공격하는 8비트는 특수 공격으로 아군의 공격 피해량을 늘려줄 수 있습니다. 트로피 진척도에서 6000개를 모았을 때 잠금 해제할 수 있는 브롤러입니다.
희귀도	트로피 진척도 보상
브롤러 유형	저격수

	이름	특징
일반 공격	블래스터 빔	좁게 퍼지는 블래스터 빔을 연사해 사정거리에 있는 적에게 피해를 줍니다. 한번에 6개의 빔이 발사되며 멀리 떨어져 있는 목표물도 맞힐 수 있습니다.
특수 공격	공격력 부스터	공격력을 높여 주는 터렛을 설치합니다. 터렛을 작동시키면 효과 범위 안에 있는 모든 아군 브롤러의 공격력을 올릴 수 있습니다.
스타 파워#1	부스터 증폭	파워 레벨 9 달성 후 브롤 상자에서 획득할 수 있습니다. 부스터 증폭을 선택하면 공격력 부스터의 효과 범위가 50% 증가합니다.
스타 파워#2	보너스 라이프	부스터 증폭과 마찬가지로 파워 레벨 9 달성 후 브롤 상자에서 획득할 수 있습니다. 보너스 라이프를 선택하면 전투에서 처음 쓰러졌을 때 즉시 부활할 수 있습니다.

비(Bea)

주요 특징	비는 이름처럼 꿀과 꽃을 좋아합니다. 사거리 내의 적에게 기계 드론을 쏘며, 특수 공격으로 성난 벌떼를 내보냅니다.
희귀도	영웅
브롤러 유형	저격수

	이름	특징
일반 공격	거대 벌침	장거리에서 공격해 적중할 경우, 힘을 충전한 뒤 다음 공격으로 엄청난 피해를 줍니다. 재장전 속도가 매우 빠릅니다.
특수 공격	강철 벌떼	제트기처럼 빠르게 움직이고 적 주변을 선회하는 7개의 드론 무리를 내보냅니다. 적이 드론에 맞으면 이동 속도가 느려집니다.
스타 파워#1	벌침 급조	파워 레벨 9 달성 후 브롤 상자에서 획득할 수 있습니다. 충전된 공격을 발사했을 때 공격이 빗나갔다면 곧바로 거대 벌침을 1회 충전합니다.
스타 파워#2	허니 코트	파워 레벨 9 달성 후 브롤 상자에서 획득할 수 있습니다. HP가 1이 남은 채로 한 번도 쓰러지지 않고 버틸 수 있으며, 잠시동안 보호막을 얻습니다. 완전히 쓰러지면 다시 능력을 사용할 수 있습니다.

엠즈(Emz)

주요 특징	엠즈는 헤어 스프레이 공격으로 지속적인 피해를 주고, 특수 공격으로 상대의 속도를 느리게 만듭니다. 트로피 진척도에서 트로피 8000개로 잠금 해체할 수 있습니다.
희귀도	트로피 진척도 보상
브롤러 유형	파이터

	이름	특징
일반 공격	스프레이	헤어 스프레이를 뿌려 적을 공격합니다. 스프레이에 유독 물질이 있어서 적이 맞으면 많은 피해를 입힙니다.
특수 공격	톡 쏘는 향기	자기 주변에 독성 구름을 만들어 적의 이동 속도를 늦추고 피해를 입힙니다. 5초 동안 공격이 지속되어 적의 피해가 커집니다.
스타 파워#1	나쁜 냄새	파워 레벨 9에 도달해서 나쁜 냄새를 잠금 해제하면 적들이 독성 헤어 스프레이 구름 안에 들어왔을 때 받는 피해가 공격 당 20% 증가합니다.
스타 파워#2	후원 감사	파워 레벨 9에 도달해서 후원 감사를 잠금 해제하면 톡 쏘는 향기를 사용했을 때 그 효과 범위 안의 적의 수 만큼 초당 300HP를 회복합니다.

맥스(Max)

주요 특징	속도가 최고라 이름도 맥스입니다. 블래스터 속사포로 공격하며, 특수 공격으로 자신과 아군의 이동 속도를 높여줍니다.
희귀도	신화
브롤러 유형	서포터

	이름	특징
일반 공격	블래스터 속사포	블래스터로 여러 발사체를 빠르게 쏩니다. 한번에 4개씩 쏠 수 있으며 재장전 속도가 매우 빠릅니다.
특수 공격	서둘러!	자신과 근처에 있는 아군의 속도를 순간적으로 높여줍니다. 특수 공격은 4초 동안 지속됩니다.
스타 파워#1	슈퍼 차지	파워 레벨 9 달성 후 슈퍼 차지를 선택할 수 있습니다. 움직이기만 해도 특수 공격이 충전됩니다.
스타 파워#2	런 앤 건	슈퍼 차지가 특수 공격을 충전시킨다면, 런 앤 건은 움직이는 동안 더 빠르게 공격을 장전할 수 있게 합니다.

미스터P(MR. P)

주요 특징	머리에 벨을 달고 있는 미스터 펭귄으로 호텔 벨보이입니다. 적에게 여행 가방을 집어 던져 공격합니다. 특수 공격으로 로봇 짐꾼을 불러 자신을 돕게 합니다.
희귀도	신화
브롤러 유형	저격수

	이름	특징
일반 공격	가방 두고 가셨습니다!	분노에 찬 상태로 무거운 여행 가방을 던집니다. 가방이 장애물이나 적에게 맞으면 튕겨 나와, 떨어질 때 폭발과 함께 넓은 범위에 피해를 줍니다.
특수 공격	짐꾼! 공격!	작은 펭귄 머리 로봇 짐꾼들을 부를 수 있습니다. 로봇 짐꾼들을 생성 거점을 선택하고, 배치해 적을 공격합니다. 로봇 짐꾼들도 자체적인 HP가 있습니다.
스타 파워#1	취급 주의	파워 레벨 9 달성 후 브롤 상자에서 획득하세요. 내용물이 가득 찬 여행 가방을 적이나 장애물에 부딪히지 않아도 튕길 수 있고, 폭발시킬 수 있습니다.
스타 파워#2	빈 깡통	파워 레벨 9 달성 후 브롤 상자에서 획득하세요. 로봇 짐꾼 거점의 HP를 3000 증가시킬 수 있습니다.

샌디(Sandy)

주요 특징	늘 수면 부족에 시달려서 꾸벅꾸벅 졸고 있습니다. 샌디는 수면 부족이긴 하지만 이름처럼 모래를 지배하는 강력한 능력을 가졌습니다. 원호 모양으로 자갈을 던져 적을 공격하거나 모래 폭풍을 일으켜 아군을 숨길 수 있습니다.
희귀도	전설
브롤러 유형	서포터

브롤스타즈 자료 공유

	이름	특징
일반 공격	자갈 돌풍	상대를 관통하는 예리한 자갈을 퍼부어 공격합니다.
특수 공격	모래 폭풍	9초 동안 아군 브롤러를 숨길 수 있는 모래 폭풍을 소환합니다. 멀리 있는 아군도 숨길 수 있습니다.
스타 파워#1	거친 모래	스타 파워를 선택해 샌디의 일반 공격을 파워업 할 수 있습니다. 거친 모래는 모래 폭풍으로 적에게 초당 120 피해를 줍니다.
스타 파워#2	치유의 바람	치유의 바람을 선택하고 모래 폭풍을 사용하면 아군의 HP를 초당 250 회복시킬 수 있습니다.

브롤스타즈의 진짜 매력은 여러분이 다양한 브롤러를 잠금 해제해서 조종할 수 있다는 것입니다. 브롤러는 업그레이드할수록 더 강하고 힘이 세집니다.

그와 동시에, 여러 종류의 이벤트에 참가해서 각양각색의 전투를 경험할 수 있습니다. 그 결과, 브롤스타즈를 플레이할 때 흥미진진하며 도전 의식이 생기는 재미있는 게임들을 경험하게 됩니다.

게임과 챌린지 계속 즐기기

새로운 경험을 원하나요? 여러분에게는 슈퍼셀이 있습니다! 슈퍼셀은 새로운 기능, 이벤트, 맵, 브롤러, 스킨, 일부 스킬과 기타 아이템 등을 지속적으로 업그레이드합니다.

초보자라면 바로 게임에 이길 수 있다고 기대하지 마세요. **브롤스타즈**는 많은 연습이 필요합니다. 이 게임은 한 단계씩 나아가는 데 오랜 시간이 걸리도록 만들어졌으므로 인내심을 갖고 꾸준히 노력해야 합니다. 특정 브롤러로 한 종류의 이벤트에서 계속 지고 있다면, 브롤러를 바꾸거나 다른 이벤트를 참가하세요.

현금으로 직접 브롤러를 구입해서 잠금 해제하거나 업그레이드하고 싶겠지만, 여러분이 초보자라면 우선 무료로 잠금 해제해서 조종할 수 있는 브롤러로 전투 기술을 높이는 데 집중하세요. 그리고 나서 가능한 적은 현금을 써서 최고의 아이템을 획득하고, 브롤러를 업그레이드하세요. 물론 현금을 쓰지 않아도 재미있게 **브롤스타즈**를 플레이할 수 있습니다.

언제든지 온라인 친구와 **브롤스타즈**를 즐길 수 있고 여러분만큼 **브롤스타즈**를 좋아하는 다른 게이머와 친분을 쌓을 수도 있습니다. 자신만의 팀을 만들면 팀원 각자에게 역할을 주고 적극적인 공격 작전을 미리 세울 수 있습니다. 팀원을 고를 때에는 참가하려는 이벤트에 따라 서로 협력하며 전투 기술을 보완할 수 있는 브롤러를 선택해서 다재다능한 팀을 만드세요.

어떤 방식으로 플레이하든지 간에, 여러분의 목표는 전투에서 이겨서 마지막에 스타 플레이어 타이틀을 얻고, 트로피와 토큰을 계속 모으는 것입니다.

행운을 빕니다!

브롤스타즈 플레이어를 위한 비공식 게임 공략집

제이슨 리치 지음

1판 1쇄 발행 | 2020년 2월 27일
1판 15쇄 발행 | 2024년 12월 10일

발행인 | 심정섭 편집인 | 안예남
편집팀장 | 최영미 편집자 | 조문정
표지 및 본문 디자인 | 박수진
출판 마케팅 | 홍성현, 김호현
제작 | 정수호 발행처 | 서울문화사
등록일 | 1988년 2월 16일 등록번호 | 제2-484
주소 | 04376 서울특별시 용산구 새창로 221-19
전화 | 02)791-0754(판매) 02)799-9206(편집)
인쇄 | 에스엠그린

ISBN 979-11-6438-206-4 13690